公共性主義
とは何か

〈である〉
哲学から
〈する〉
哲学へ

小川仁志

教育評論社

公共性主義とは何か——〈である〉哲学から〈する〉哲学へ

はじめに――二つの危機

時代はいつも危機をはらんでいる。その意味では、危機の時代などという特別なものは存在しないともいえるし、逆に常に危機の時代なのだということもできるだろう。ただそれに気づく人間がいるかどうかの話である。いずれにしても、危機があることは間違いない。ここで私は、予め二つの危機について指摘しておきたい。それは哲学の危機と公共性の危機である。はじめに宣言しておくと、本書の目的は、この二つの危機を公共性主義という名の新たな思想によって克服するための提案をする点にある。

私のいう危機はいずれも、欲望を持った人間なる存在が、この世界という限られた空間においての共存していかねばならないことに起因している。利己的な人間が社会に集うとき、そこには様々な問題が生じてくる。とりわけ富をめぐって競争が生じる。イギリスの思想家トマス・ホッブズが指摘したように、「万人の闘争」が繰り広げられるのである。彼はそれを「人間は人間にとってオオカミである」とも表現している。だからこそ「リヴァイアサン」なる強権的な力にすべてを委ねる必要性を訴えたのだ[1]。

しかし、人間はオオカミとは異なり、理性を持ち備えている。だから秩序をつくろうとするのだ。そうして社会を維持しようとする。しかし、その動機が自らを守るためだけであっていいのだろうか？　もしそうだとすると、社会は勝者のためだけのものになってしまう可能性がある。その結果、また社会は病巣を抱えることになる。

ただ、多くの人間はそんなことに目を向けることさえない。目の前の利益を追い求めることに必死だからだ。あるいは競争の中で生きていくためには、そうせざるを得ないのかもしれない。皆、自分の社会へのかかわり方がどういう結果を招くのか、じっくり考えることはないのだ。

ここで明らかになるのは、一人ひとりに考える余裕のないことが、社会の崩壊を招いてしまっているというメカニズムである。これは何も複雑なメカニズムではない。ごく単純な話である。にもかかわらず、誰もそれを変えようとしない。そこでまた、危機の連鎖とも呼ぶべき悪循環が生じることになる。

いうまでもなく、考える余裕のないことが冒頭で指摘した哲学の危機であり、社会の崩壊が起こっていることが公共性の危機である。公共性の意味についてはこれからじっくり論じていくが、一言でいうと、社会の中で皆が共有する領域や事柄だと思ってもらっていいだろう。この二つの危機は、共犯関係にあるといっていい。

哲学の危機が公共性の危機を招いているのは間違いない。考えなければ、公共性に関心を示すこともないだろう。そして公共性の危機が哲学の危機を招く。皆で問題を共有する機会がなくなれば、そもそも物事を考える必要はなくなるからだ。大事なことは御上に任せて、自分自身は何も考えずに日常のルーティンに埋もれるだけ。止まることのない危機の連鎖。ならば、それを止めるために、まず哲学を救い出してはどうだろう。

そもそも哲学は、古代ギリシアの哲学者ソクラテスによって本格的にはじめられたといってよい。それ以前の自然哲学者たちは、その名の通り、自然の謎を解明すべく疑問をめぐらせていたにすぎないからだ。ソクラテスはそうした懐疑的態度を人間そのものの謎に適用し、普遍的な知の作法としての哲学を確立した人物なのだ。現に自然哲学者たちは、ソクラテス以前の哲学者を意味する「フォアゾクラティカー」という名称で呼ばれている。つまり、ソクラテスが本来の哲学を生み出したといえるわけである。

では、ソクラテスはいったい何を行ったのか？　それは彼自身が述べているように、善く生きることの追求にほかならない。そのために彼は問い、論争し、闘い、最後は死刑宣告を受けることになった。一般的な哲学のイメージとは裏腹に、哲学の父が行ったのは、書物の研究でもなんでもなく、街場での哲学の実践だったのだ。

　哲学というと、どうしても難しい本を解釈することだと思われてしまう。それ自体が哲学の危機だといっていいだろう。人々が物事をじっくり考えない風潮は、哲学の危機の延長線上にある。本来哲学とは、善く生きることを追求するための動的な営みだったのだ。それは、考え、論争し、行動を起こすことであった。ところが、いつの間にか哲学は静的な営みになってしまった。

　偉大な哲学研究者が残した言葉を、あたかも経典のように解釈する営み。日本を代表する政治思想史家、丸山眞男の著名な表現「『である』ことと『する』こと」[2]を借りるなら、「である」ものとして受け止める営み。それこそが哲学に成り下がってしまった。もともとは「する」ものであったにもかかわらず。

　あらゆる学問の母としての地位を誇っていたはずの哲学が、役に立たないおまけのような存在に成り下がってしまったのには、そうした理由があるのではないだろうか。これは世界的な傾向ではあるが、とりわけ日本でも近年人文・社会科学を軽視する風潮が高まり、哲学は文字通りの危機を迎えている。したがって、〈である〉哲学を〈する〉哲学へと再転換する必要があるのだ。

その結果、私たちはようやく社会の危機を克服することが可能になる。社会の危機は公共性の危機と置き換えることができる。いや、むしろそのほうが本質をとらえた表現だといえるだろう。社会の何が危機を迎えているかというと、それは公共性にほかならないからだ。

社会は様々な要素で構成されている。その中でも、「私」つまり個人がかかわる部分については、皆自分のことなのでなんとかしようとする。自分の家が倒壊しかかっているのに、何もしない人はいないだろう。反対に「公」つまり行政がかかわる部分についても心配はない。仕事として確立しているからだ。橋が倒壊しかかっていれば、行政が修理する。

しかし、そこから抜け落ちてくる部分がある。それが公共性の領域なのだ。自分のものでもなく、また国や自治体のものでもないもの。にもかかわらず、皆が共有するもの。そうした領域に属する事柄を維持していけるかどうかで、私たちの日常は大きく変わってくる。

なぜなら、実は公共性の領域は、「私」や「公」に属する領域よりも膨大な範囲をカバーしているからだ。公園や道路一つとってみても、行政がかかわる部分はほんの一部だといっていい。予算が及ばない範囲は、もはや「公」ではなく、公共性の領域に入れざるを得ないからだ。

予算が限られているのは仕方ないにしても、問題はその配分の仕方にある。そこには大きな偏りがある。残念ながら、お金は強者のもとに流れる傾向にあるのが現実なのだ。この場合、強者とは誰か？　大企業がその典型だろう。エリート層も強者だ。国家は富を生み出せるもの、あるいはその可能性の高いものに投資する。弱者はそのおこぼれにあずかるだけだ。社会主義や共産主義の国がこの地球上からほとんど消滅してしまったのはその証拠だろう。

だから本当は個人も国家も共に欲望の塊という点では同類なのだ。「私」と「公」は決して両極ではない。両者は同根ともいえる。ひとり公共性だけが欲望とは無縁なのだ。そして欲望と無縁な公共性だけが、本当に弱者を救える可能性を秘めている。

誤解のないように断っておくが、いまさらＮＰＯやボランティアが中心の社会をつくろうなどと単純なアナクロニズムを唱えるつもりは毛頭ない。むしろ個人の心の中に、あるいは国家の中に公共性の精神を根付かせるべきだといいたいのである。もちろんこれはかつての滅私奉公的な公共精神とも異なる。それこそ超アナクロニズムだろう。ここで唱えているのは、公共性主義という名の希望溢れる新たな精神にほかならない。

前書きを閉じるに当たり、最後に一つだけ私のかかわっている例を紹介しておきたい。それはある並木道を保存する活動についてである。その並木道はもちろん行政が管理しているのであるが、限られた予算の中でやれることはわずかである。

頻繁に草刈りや落ち葉の清掃ができるわけでもないし、枝が伸びてきてもこまめに伐採することはできない。さすがに台風などで木が折れたようなときは処理してくれるが、その後新たに植えることはない。

しかし、それでは並木道はただの汚い木の塊となり、市民生活の妨げにしかならない。これは美観の問題だけではなく、安全上の問題も含む。なぜなら、伸びた枝のせいで視界が悪くなったりするからである。もちろん、よほど問題であれば、税金を投入して「公」の領域に移すことも可能だが、その程度の問題は山積しているので、非現実的である。

となると、それは公共性の領域として、皆でなんとかするしかないのだ。だから私はその活動にかかわっている。市民に呼びかけ、また行政と連携し、並木道の維持管理をしているのだ。でも、なぜ私がそれをする必要があるのだろうか？　これはよく尋ねられる問いでもある。まさにその答えを本書の中に書いたつもりである。一言でいうなら、問題だと思ったことを行動に移したかったからである。

読者の中には、このような活動は当たり前のことで、地域ボランティアのような形で行われているのにと感じた方もいるかもしれない。その通りである。ところが、それがどんどん失われてきているのである。地域ボランティアをする人が減っているのは、ある意味で公共性衰退の象徴だといってもいいだろう。つまり自治会の仕事を含め、必ずしも自分がやらなくてもいいことは、人任せにしてしまう、あるいはそもそも関心を持とうともしない現実があるのだ。理由は様々だが、一言でいうなら、ある種のニヒリズムのようなものではないかと思う。

つまり、そんなことをやっても何かが変わるわけではないというあきらめにも似た、無力感がそこに横たわっているように思えてならない。さらには、頑として変わらない日本の政治へのあきらめが投影されているといえばいいすぎだろうか……。

私は公共哲学の看板を掲げているため、地域の集まりに呼ばれて話をすることがよくある。実は、たいていの地域社会が抱えているのは、こうした地域における助け合いの衰退である。皆無関心を決め込んでいるのだ。私がわざわざ「公共性の危機」と表現しているのは、かつてはそれがちゃんと機能していたのに、今それが危機に瀕している点を指摘したかったからである。

しかし、だからといってかつてと同じメンタリティで同じことをするというのには無理がある。今求められているのは、新しいメンタリティなのである。つまり新しい公共哲学なのだ。

先ほど、この程度の問題は山積していると書いた。だからこそ一人ひとりが問題だと思ったことを実践するようになれば、社会はもっとよくなるはずだと確信している。「哲学者たちは世界をさまざまに解釈してきただけである。しかし肝腎なのはそれを変えることである」[3]。そう宣言して、カール・マルクスは社会主義思想を打ち立てた。まったく同感だ。しかしマルクスとは異なる思想を打ち立てたいと思う。それこそが公共性主義にほかならない。

□注

(1) ホッブズ『リヴァイアサンⅠ』永井道雄、上田邦義訳、中央公論新社、二〇〇九年、二三七―二三八頁。

(2) 丸山眞男『日本の思想』岩波書店、一九六一年、一五三頁。

(3) エンゲルス『フォイエルバッハ論』秋間実、藤川覚訳、大月書店、一九八三年、一〇七頁。「フォイエルバッハにかんするテーゼ」と呼ばれるマルクスの覚え書をエンゲルスが紹介したもの。

公共性主義とは何か◎目次

カバーデザイン　杉山健太郎

第1章　公共哲学とは何か？

日本における公共

公共性主義を樹立するに当たって、まずは公共性という言葉の意味をはっきりさせておきたい。人によって定義は異なるのだが、私は次のような意味で使っている。公共性あるいは公共的なものとは、「私」と他者が共有可能性を有するあらゆる事象を指す。その多くはある種の領域、とりわけ空間的なものを意味することが多いので、公共性は公共圏と表現されることもある。

ドイツ語では、Öffentlichkeit が公共性や公共圏を意味するのに対して、英語では一般に publicness が用いられると同時に、公共圏つまり空間的なものを指す場合には public sphere が用いられることもある。基本的には公共や公共性が publicness に、そして公共圏が public sphere に対応しているが、必ずしも厳密に区別されているわけではない。

実際、公共的な事柄と公共空間とは密接に結びついていることが多い。たとえば古代ギリシアの広場を意味するアゴラという語は、空間を意味するだけでなく、そこで交わされる議論そのものを象徴することがあるように。そこで本書でも文脈とニュアンスに応じて公共性と公共圏を使い分けるが、基本的には同じものを指していると思っていただいていいだろう。
このような意味での公共性について考えるのが、公共哲学という学問分野である。「私」がいかにして社会にかかわるべきかを本質にさかのぼって考える学問である。本書における議論も、その意味では公共哲学の分野に属するといえる。いわば公共性主義は公共哲学における新しい提案にほかならない。

では、何が新しいのか？　これまでの議論を振り返っておこう。まず日本の議論からである。この国には少なくとも幕末から明治のはじめに至るまで、公共という概念はなかったといっていいだろう。朝廷や幕府など、その都度国家を支配する権力が「公」として存在してきただけである。そしてその「公」が民である「私」を一方的に支配してきた。もっとも、江戸時代に人々がお互いに助け合っていたというイメージは誰しも持っているだろう。時代劇などでも、隣近所で家族のように助け合う姿が描かれている。あのコミュニティは公共性とは無縁なのか？

これについては、黒住真による「徳川前期の公共をめぐる倫理思想」が詳しく分析をしている[1]。黒住によると、近世期における政治的な統合や社会の成立にともなって、それまでとは異なる強力な「公」と共に「公共」の浮上する構造がうかがえるという。ただし、そうした「近世的な公共世界」は、理性的コミュニケーションによって成立するまったく透明な時空ではないと釘を刺している。つまり、人々が共有すべき社会を意識して、かつ理性を軸にそうした領域を育んでいたわけではないということである。黒住の言葉を借りるなら、あくまでそれは「種々のある程度閉じた多くの差異の小宇宙」における出来事にすぎなかったのである。

そんな中、幕末になってようやく、日本における公共哲学の祖とも呼ぶべき横井小楠が登場し、公共を論じはじめることになる。それ自体は画期的なことで、小楠が暗殺されることなく、また当時の日本に彼の先進的な思想を受け入れるだけの土壌があったならば、あるいは歴史は変わっていたかもしれない。これについては後の章で詳しく紹介したい。しかし現実の日本社会においては、相変わらず「公」が民を支配する構図に変化はなく、それは戦後になって民主主義が制度として導入されて以降も続いているといえる。自民党の一党支配がそれを物語っているだろう。象徴であるはずの天皇の根強い人気もその証左だといえばいいすぎかもしれないが。

こうした事情にもかかわらず、日本は成長し続けてきた。とりわけ戦後の奇跡ともいえる経済成長は、現代社会においても「公」が信頼に足る存在であることを国民の頭に刷り込むのに十分な役割を果たした。少なくともアメリカというモデルが明確に存在した間は。

ところが、経済成長が行き着くところまで行き、モデルを失った日本は、バブル経済の崩壊を機に行き場を失ってしまった。これまで自信たっぷりに民を率いてきた「公」は、たちまち行き詰まってしまったのだ。

こうして民が主役の新しい社会をつくるべく、２０１０年に政府によって「新しい公共」なる概念が提起された。２０１０年というのは、奇しくも失われた20年と呼ばれた暗黒の20年がついにピークを迎えた年である。バブル崩壊以来、１９９０年頃からの10年は失われた10年と呼ばれ、そのまま事態は好転せず20年目を迎えたのが失われた20年である。失われた世代を意味するロスジェネたちは親の世代のようないい仕事に恵まれないにもかかわらず、もはや「絶望の国の幸福な若者たち」[2]になってしまっていた。

だから大人たちはそこに危機を覚え、新しい公共を求めたのだ。しかし、はじめて表舞台に登場したはずの公共あるいは公共性に「新しい」という形容詞がついているのはどういうことか。これは従来から存在する「公」を、日本ではときに公共と呼んできた事情によるものである。

ここが議論の混乱を招く部分でもあるのだが、日本ではいつの間にか「公」を公共と称し、行政の行う事業を公共事業などと呼ぶようになっていたのである。したがって、人々の間にも公＝公共というイメージが植え付けられてしまっていた。

そこで、真の意味での公共、つまり民が社会にかかわり、それを担うという意味での公共を表すために、「新しい公共」なる言葉が使われたわけである。ただ、それを主導したのはあくまで新しい政権、つまり新しく誕生した民主党政権であって、新しい公共ならぬ「新しい公」にほかならなかった。ちなみに、新しい公共とセットでマスコミをにぎわしたのは、熟議という言葉であった。これまでの政治と異なり、徹底的に議論するという意味で用いられていたのであるが、もともとこれは公共哲学の用語だといってよい。

熟議とは deliberation のことで、討議と訳されることもある。つまり、徹底的に討議することによって合意を形成し、一つの集団が問題を解決することを目的としている。その意味では、民主主義をより機能させるための方法論であるということもできる。実際、熟議を前提にした民主主義は熟議民主主義（deliberative democracy）と呼ばれ、単なる民衆による自己決定とは区別される。場合によっては、意思決定よりも意思の形成に重点が置かれ得るということである。

これが公共哲学の用語であるというのは、たとえば「公共的な批判と合理的な正当化の要求」のプロセスを通じてはじめて、民主主義が持つ価値を確認することができるというシモーネ・チャンバースの言葉からも明らかだろう(3)。

実際日本では、両院で多数党が異なるいわゆる「ねじれ国会」の解消策として、あるいは原発の是非のような国論を二分する議論に際して、熟議の必要性が叫ばれてきた。いずれも民主主義の根幹が問われた場面である。新しい公共において、それを実現する手法として熟議に注目が集まったのである。だから両者はセットで用いられ、あたかも民主党の代名詞であるかのようにみなされてしまった。

もっとも、「新しい公共」の概念については、本当は民主党が唐突に掲げたわけではない。1995年の阪神大震災でのボランティアの活躍を受け、いわゆるNPO法が制定された1998年頃からNPOが社会の担い手として新たな公共を体現しつつあった。ある意味で、政治はそうした動きに便乗しただけである。民主党政権自体が、既存の公のほころびから誕生したという経緯もある。

日本では戦後ほぼ一貫して保守政党である自民党が政権を担ってきた。そこに様々なスキャンダルがきっかけで、リベラル政党である民主党政権が誕生したのだ。面白いことに、自民党も「公」に近い意味で公共という概念を使うので、この言葉は左右どちらの陣営からも使われるものであることが明らかとなったのである。もちろんその意味はまったく違うわけであるが。

しかし、新しい公に担われた新しい公共がうまくいくわけがなく、せっかくの崇高な哲学も官製ワーキングプアを生むなど残念な結果に終わってしまい、真の意味での公共が主役になることはなかったのである。

他方で、経済成長の行き詰まりによる社会の行き詰まりを受けて、アカデミズムの世界でも日本における公共哲学を確立する動きがはじまっていた。2001年、東京大学出版会から叢書がシリーズで公刊され、にわかに公共哲学ブームが起こったといってよい。このブームとは別に、マイケル・サンデル教授の人気について言及しておく必要があるかもしれない。2010年、NHKで放送されたサンデル教授による哲学の講義「ハーバード白熱教室」は高い視聴率をほこり、同年刊行されたサンデル教授の著書『これからの「正義」の話をしよう』はベストセラーになった。ただ、一般の人にとって、必ずしもサンデル教授と公共哲学が結びついていたかというと、そうともいえないような気がする。その証拠に、サンデルブームは最大瞬間風速を記録して、さっとすぎ去ってしまったからである。

いずれにしても、現実の政治における公共の議論とは違って、アカデミズムにおける公共の議論は一定の成果があったといっていいだろう。問題は、それがアカデミズムという閉じられた世界における理論の精緻化で終わってしまったことである。アカデミズムが意識してサンデルブームに乗りかかるくらいの度量があれば、事態は変わっていたかもしれないのだが……。

その証拠に、叢書が完結すると、公共哲学の議論自体が徐々に終息していった。ブームの終わりである。そこに東日本大震災が起こり、政治の世界もアカデミズムの世界も一気に関心が震災と原発に向かってしまった感がある。

とはいえ、震災も原発もいずれもすぐれて公共的なテーマである。したがって、個別の大きな問題を論じているようで、実は国民は公共哲学について論じていたのである。原発の是非をめぐって討論型世論調査が大規模に実施されたり、被災地を中心に哲学カフェの輪が広がっていったのはそうした事実を如実に物語っている。なぜなら、討論型世論調査も哲学カフェも、公共哲学の実践というべきものだからである。

この地道な市民活動が、ボトムアップのような形で第二次公共哲学ブームをもたらしているのが今の状況だといっていいだろう。2018年には哲学カフェをはじめとした哲学の実践について研究するための「哲学プラクティス学会」が創設された。また、2022年度から高校生が必修で学ぶ「公共」という科目の新設も決まっている。

「公共」は選挙権が18歳に引き下げられたのを機に、学校での政治教育、主権者教育を強化する目的で導入された科目である。面白いことに、私にいわせるとこの科目は公共哲学と政治教育で構成されている。一般には哲学と政治教育で構成されているという理解なのだろうが、やはりそもそもの目的が主権者教育なので、哲学といっても公共哲学的な中身になっているように思われる。自分が社会とどうかかわるか、考えさせようというわけだ。そのうえで、そうした思考と政治の仕組みを結びつけようとしている。

ここからもわかるように、公共性に関する議論は、必然的に政治に結びついていく。とりわけ、私たち主権者の側から見ると、公共性に関する議論は政治の中でも民主主義のそれと同じに映るのではないだろうか。

それもそのはずで、主権者にとっては、社会にどうかかわるかは民主主義をどう実現していくかということにほかならない。民主主義とは、私たちが社会を運営していくうえでのかかわり方のルールに関する議論なのだから。

ドイツの哲学者マルクス・ガブリエルは、民主主義とは手続きや制度の中で普遍的価値を実現しようとする試みだといっている(4)。つまり、自分と他者を同じ立場に置き、喜びや悲しみ、そして苦しみを想像するということを、手続き的に実現していくものだというのだ。これはまさに、私たちがどう社会にかかわるかという一つのあり方だといっていいだろう。

だから本書でも、民主主義の議論から援用している概念や言葉がたくさんある。公共性に関する議論と民主主義に関する議論はまったく同じではないが、それらは大きく重なり得るのである。この点は念頭に置いて読み進めていただきたい。

AI(人工知能)がもたらす社会のルールの変化に象徴されるように、奇しくも時代は新たな公共的議論を希求している。それは日本だけの事情にとどまるものではない。とりわけ欧米では、テクノロジーのもたらす混乱に加えて、ポピュリズムの席巻や移民問題の深刻化にともなって公共圏の再定義が求められている。そうしたことから、今また公共哲学に関心が集まりつつあるといっていいだろう。

世界における公共性の問題

そこで次に、世界における状況を概観してみよう。今世界では何が起きているか？　戦争、テロ、宗教対立、移民問題、貿易戦争、貧困……。いわゆるグローバルな問題だ。ほかにもたくさんあるだろうが、いずれもある意味で国境を越えた問題だといっていいだろう。世界の問題とは、つまりは国民国家の境界をめぐる問題なのだ。

ひいてはそれは、自分の生活の境界を守ることにつながってくる。移民に仕事を奪われたり、治安が悪くなって生活が脅かされると、人は寛容ではいられなくなる。だから排外主義的な態度をとるのだ。そこに不満を代弁してくれるリーダーが現れたら、当然熱狂的に支持することになるだろう。それが世界中を席巻するポピュリズムの原因になっている。

排外主義的な態度の表れであることに加えて、さらにポピュリズムが問題なのは、異質な声に耳を貸そうとしない点である。まさにこの点をとらえて、ドイツ出身の政治思想家ヤン＝ヴェルナー・ミュラーは、ポピュリズムの本質を次のように暴き出している。

反エリート主義者であることに加えて、ポピュリストはつねに反多元主義者である。ポピュリストは、自分たちが、それも自分たちだけが、人民を代表していると主張する。[5]

つまり、他の考えを認めようとしない反多元主義こそが、ポピュリズムのやっかいな部分なのである。人それぞれ考えがあって、それを主張するのは健全ですらある。民主主義のいいところだ。

しかし、異質な意見を認めないとなると、途端にそれは民主主義ではなくなってしまうのだ。今世界を支配しつつある思想がそんな反民主主義ともいうべきポピュリズムなのだとすれば、世界の公共性は危機に瀕しているといっていいだろう。

グローバルな問題に対して、本当の意味で危機感を覚えているのは、多分それを仕事としている国連ぐらいのものではないだろうか。あるいはNGOか。国家はそれがいかに超大国であったとしても、本気でそうした問題をなんとかしたいとは思っていない。自分の国の利益が最優先だからである。それはアメリカのあまりにも正直な「アメリカ・ファースト」のスローガンに象徴されている。現に多くの先進国がアメリカにならい自国ファーストの方向に舵を切りつつある。

残念ながら、国民国家の目的は自国の繁栄である。それは国家の責任ということに鑑みるなら、どうしようもない部分もあるのだ。国境を越えた責任は彼らには及ばないのだから。世界はいまだに独立した国家の寄り合い所帯にすぎない。したがって、グローバルな問題に対処するには、別の仕組みが求められるのだ。

そのために国連とNGOが存在するのだが、問題はこうした組織が十分に機能していない現実である。国際的な組織には強制力がないのだ。だから機能しない。これを公共性という面から見ると、個人がいくら頑張ったところで、「公」にそれに応じるだけの十分な力がないのである。

いや、個人も頑張ってはいないのだろう。もし個人が頑張っていれば、何も問題は起こらないはずだ。ここで個人が頑張るということの意味は、一人ひとりが国家を超えて地球市民としての意識を持って生きるということにほかならない。そうすることではじめて、NPOやNGOに寄付をしたり、見知らぬ国の人たちのためにもボランティア活動を行ったり、手を差し伸べたりすることができるようになるのだから。あるいは自分の属する国家に対して、国際社会にもっと協調するよう働きかけることさえするだろう。

そうした地球市民的な意識を持つという思想は、一般にコスモポリタニズムと呼ばれる。いわゆる地球市民主義である。地球に住む人間は皆同じ仲間だという発想を持ててはじめて、私たちは見知らぬ国の人たちに手を差し伸べる気になる。そうでないと、外国人、よその国の人というレッテルを貼り、自らの責任を放棄してしまうのだ。

では、どうしてコスモポリタンになれないのか？　それはやはりあまりにも国籍の呪縛が強いからだろう。自分の生まれ育った故郷に愛着を覚えるのは、人間の本質である。それが私たちのアイデンティティのもとになっているのだから仕方ない。自分が何者なのか問われれば、まず出身地を思い浮かべる人が多いのではなかろうか。

私は大学での授業や、高校生向けの講演などでよくこんな問いを投げかける。「あなたの街に住む少年Aと、中国の見知らぬ少年Bが同じように貧困にあえいでいる。どちらか一人しか助けられないとしたらどっちを助けるか？」と。そうすると、ほとんどが自分の街の少年Aだと答える。理由もほとんど同じなのだが、彼らはこぞって自分の街の人間のほうが愛着があるからだという のだ。

この愛着を取り除いたり、相対化するのは至難の業である。何よりそんなことはすべきではないだろう。とするならば、故郷への愛着を前提にコスモポリタニズムを考える必要がある。つまり、コスモポリタニズムを個々人の故郷と結びつけて考えればいいのである。そうした主張をしているのが、クウェイム・アンソニー・アッピアである。アッピアは「ルーツを持ったコスモポリタニズム（rooted cosmopolitanism）」という概念を掲げ、個々人が故郷を持ち、そこで異なる生き方をしている点に着目する。だからその差異を前提に、それぞれのルーツを尊重しながら連帯して行く道を探るべきだというのである(6)。

たしかに、誰にも故郷はある。そうした異なる故郷を持った人間が、それでも同じ地球に生きているという視点は大事だろう。海外を旅行している際に出会った人と、互いの故郷の話をすると、違いの中にも思わぬ重なり合いや類似点を見出して意気投合することがある。文化は違っても、同じ人間なんだと実感し、喜びが湧いてくる。

しかし問題は、今私たちが同じ国の中でさえ、仲間と助け合おうとしない現状である。旅行で感じる喜びは、それ以上には発展しないのである。

つまり、世界の公共性を成り立たしめるための大前提が崩れているのだ。したがって、コスモポリタニズムをモディファイするという次元ではなく、もっと大きく視点を変える必要がある。

この風潮はポストモダンと呼ばれる時代に一気に噴き出し、今や手の付けられないところまで広がっているように思われる。少なくとも現代社会における個人は、もはや自分のことにしか興味を持っていないのだ。かつてロシア出身の思想家アレクサンドル・コジェーヴは、そうした人間の本質を「動物性」という皮肉に満ちた言葉で表現した(7)。

ヘーゲル研究者であるコジェーヴは、自由をめぐる闘争としてのヘーゲル歴史哲学に鑑み、もはや自由を手に入れてしまった現代人は、人間として成長する必要がなくなったととらえたのである。だから動物になってしまったのだと。ヘーゲルは主著『精神現象学』の中で、人間の意識が成長する様を、人類の歴史になぞらえて叙述した。どの時代にも人間の精神性が現象していると考えたからである。彼が生きた近代は、まさに自由という精神が最高潮に開花した時代である。だからこそヘーゲルはその状態を「絶対」という究極の表現を使って描写したのだ。人間は神のごとくすべてを見通すことのできる絶対知にまで到達するのだと。

ところが逆にいうと、その近代が終わった後、人間の成長の物語もまた終わりを迎えざるを得ないのである。それは近代の後のポストモダンという混沌とした時代において、人間が動物化していく新たな物語のはじまりでもあったのだ。

そこの部分をうまくとらえて、ポストモダン社会を新たな視点で描き切ったのが、東浩紀である。『動物化するポストモダン』の中で東は、まさに動物化したオタクが消費欲求に忠実に生きている様を鋭く指摘した(8)。

よく私たちは、一人で遊べるゲームやアニメといったコンテンツがそう充実していなかった時代と比較し、あたかもそうしたコンテンツが他者とのコミュニケーションを不要のものにしてしまったかのようにとらえることがある。しかし、それは必ずしも正しくないのだ。現実はその逆で、成長の時代が終わった後、人間が動物化してしまったからこそ、一人で時間を過ごせるコンテンツが求められたのである。人が求めないものは広がるはずがない。この東の議論を稲葉振一郎は公共性の文脈に置き換えて次のように結論付ける。

ハーバーマスが一九世紀末から二〇世紀初頭に想定する「(市民的)公共性の構造転換」とは、この統合の可能性についての危機感の切迫である、とすれば、「動物化するポストモダン」とはこの危機感自体の蒸発、消滅である、ということになります。(9)

つまり、動物化して消費にふける個人にとっては、もはや公共性なんて心配の種でもなんでもないということである。こうして個人は当てにならなくなる。個人も国家も当てにならない世界。私たちはそんな世界に住んでいるのだ。ポストモダン以降の世界においては、個人がこのように変質していることをよく見据える必要がある。

では、どうすればいいのか？　世界に限っていうなら、一縷の望みを託せるのは新しいグローバルな「公」をおいてほかにないのではなかろうか。いわば国際的な世論、つまりインターネット上のグローバルな世論である。

たしかにグローバルな世論を形づくるのは個々人なので、個人が公共的な事柄に関心を持たない限り、先ほどコスモポリタニズムのところで述べたのと同じアポリアが生じてしまう心配はある。しかし、動物化して消費にふける個々人は、そのこと自体には関心があるのであって、そこをうまく利用してはどうかと思うのである。

奇しくも動物化した個々人の主戦場はインターネットである。インターネットで通信販売を行うアマゾンが世界を制覇しているのは偶然ではない。このアマゾンをはじめ世界を制覇するＩＴ系巨大企業の頭文字をとったＧＡＦＡが、世界経済だけでなく政治をも操っているといっても過言ではないだろう。そのＧＡＦＡを支えているのは、ほかでもない動物化した個々人なのだ。

その個々人を世界の公共性に再構成することはできないだろうか？　私はできると考えている。なぜなら、インターネットはビジネス分野を中心に世界をつなぐツールであると同時に、世界中の人々が集うフォーラムでもあるからだ。そのインターネットにおける世論は、今や国際社会も無視できない状況になりつつある。たとえ強制力はないにしても、世界中の人が声を上げ、共鳴しているとするなら、国家さえも黙っているわけにはいかなくなるはずである。

世界における公共性を考えるとき、インターネットには大きな期待が寄せられる。今はまだそこまで力を持っているわけではないが、インターネット空間におけるグローバルな世論を力にするような仕組みができれば、世界の公共哲学は新しい次元を迎えることになるだろう。本書ではそうしたことも論じていきたいと思う。

公共哲学のスローガン

ここで少し日本の話に戻りたい。日本において公共性を論じるとき、常に短いスローガンで表現されてきた。それは公共性が上からの抑圧的なメッセージであったことを物語っている。スローガンというのは、集団のモットーをわかりやすく表現したもので、それゆえに運動を喚起する効果がある。公共哲学が皆の哲学である限り、そこに注意を向けるには、スローガンは有効なのかもしれない。戦意高揚のためのスローガンや、革命のためのスローガンを見れば明らかだろう。

そこで、今まで述べてきた公共哲学の議論の変遷を、そうしたスローガンという切り口から分析するとどうなるか考察してみたい。まず従来の公共性の議論を象徴するスローガンである。これはなんといっても「滅私奉公」だろう。

この言葉は、戦前から高度経済成長期にかけて長きにわたって唱えられてきた。必ずしも公共哲学のスローガンとしてこの言葉が掲げられてきたわけではないが、新しい公共哲学を論じる際、あたかもそれが従来の公共哲学を象徴するものであるかのようにいわれるのである。

なぜなら、滅私奉公とは、個人を犠牲にして社会を栄えさせることを意味するからである。前に定義したように、公共哲学とは、「私」がいかにして社会にかかわるべきかを本質にさかのぼって考える学問である。したがってこの場合、「私」を犠牲にして社会にかかわるということになる。江戸時代の封建社会や戦前の日本はまさにそうだったわけだが、戦後の行動経済成長期にもそういう風潮があった。過労死などという異常事態が常態化していたのは、その証左であろう。

その後、「公」の行き詰まりによって、現代社会においては反対に「滅公奉私」がスローガンになっているかのようである。「公」などどうでもよくて、「私」こそが大事だという真逆の発想だ。社会などお構いなしに、自分を優先する人たちが増えているということでもある。これはもはや公共哲学ではないので、スローガンとして成立しているわけではない。換言するならば、公共哲学が行き詰まっているわけである。

そうした状態を危惧して、アカデミズムが議論をはじめ、新たなスローガンを掲げるに至った。それが2000年代初頭の公共哲学のスローガン、「活私開公」である。[10]「私」を活かして公つまり社会を開くという意味になる。

このスローガンは秀逸で、なかなか批判するのは難しい。というのも、自分も社会も両方共にメリットがあるなら、こんなに素晴らしいことはないからだ。そこで、公共哲学の議論も完成を見たかのように思ってしまったのだろう。

ところが、個人的にはこのスローガンも乗り越える必要があると思っている。そもそも「私」を活かしてというとき、どうしても人は「私」を優先してしまう傾向にある。だから社会がよくなるかどうかはわからないのだ。それはあくまで結果論となる。財を成した人がよくこのようなことをいうのを耳にする。自分が楽しむことが一番大事だと。そういう人にとっては、社会がよくなるかどうかは、ゲームの結果にすぎないのだ。実際、こうした言説は、成功者や個人主義を正当化しようとする立場からの言い訳として出てくることが多い。

そのような富める者のおこぼれをトリクルダウンというのだが、それはやはりどこまでいってもおこぼれなのだ。運がよければおこぼれにあずかれるが、そうでない場合は指をくわえて羨望の目で見つめているしかない。公共性をそんなみじめな姿に貶めてしまってはいけない。

たしかに働き方として、自分を大事にすることは大切である。決して犠牲にしてはいけない。しかし、社会を担う一人の人間としては、少し視点が違ってくるように思うのである。社会は会社とも自分の人生とも異なる。それは次世代をも含む全人類の存在にとって基礎となるものである。とするならば、それについて考えるのは大前提になってくるように思うのである。

私が公共性主義を唱え、社会をよくするために行動しようと呼びかけるのは、そうした理由からである。自分と社会の両方にプラスになるようにしつつ、かつ社会がよくなることを大前提にする思想。公共性主義にはそうした側面がある。これをスローガンとして表現するならば、「開公活私」あるいは「善公幸私」となるだろうか。

つまり、社会をよくすることを前提に、自分を活かすということである。あるいは、社会をよくすることで、個人を幸福にするということである。この場合、個人の活動も社会のプラスになるようにという目的があるので、個人の自由の追求は必ず社会のプラスになり、ひいてはそれが個人のプラスになる。たとえば、いくら災害ボランティアに従事していても、自分本位で参加すると、逆に迷惑をかける結果になることもあり得る。それは自分を優先してしまっているからなのである。(11)

ボランティアの目的は、あくまで利他的なものである。ただ、そのロジックが、利他のみで構築されてはいけないということだ。つまりはウインウインなのだが、その場合も決して自分が主のウインであってはいけない。従来のウインウインはどうしてもそういう嫌いがあった。公共性主義はそんな風潮に風穴を開けるものだといってよい。

いわば公のウインを見据えたうえで、自分のウインを考える態度である。その場合自分のウインは必然的に公のウインの制約を受けることから、はじめから妥協であったり、少なくとも真のウインとはいえないのではないかとの懸念があるかもしれない。結論からいうと、そのようなことはない。そのために行動が求められるのである。妥協にならないようにするには、事態を変える必要がある。だから公共性主義には行動が不可欠なのである。真のウインウインを実現するために。

公共性主義の新しさ

公共哲学のイメージ、そして本書が目指す方向性については、なんとなく理解してもらえただろうか？　ここで公共性主義についていったん定義めいたものを紹介することによって、どこがこれまでの公共哲学と異なるのか、よく理解していただきたいと思う。

一言でいうと、公共性主義を提唱することによって、私は「〈である〉哲学から〈する〉哲学への転換」を計ろうと目論んでいる。前書きでも触れたように、丸山眞男による表現にならったものだが、哲学はこれまであまりに受動的で静態的な存在として崇められてきた嫌いがある。それはあくまで学ぶ対象であり、ましてや使うための道具ではなかった。公共哲学という、社会に積極的にかかわっていくための哲学でさえ例外ではなかったのだ。

私にいわせると、従来の公共哲学もやはり〈である〉哲学にすぎない。なぜなら、行動の要素を欠いていたからだ。公共哲学は〈する〉哲学でなければならない。つまり、従来の公共哲学は、単なる学問だったのだ。学問とは学んだり研究する対象であって、使うものだとは認識されていないだろう。これが道具であれば、使うものとして認識されているだろうが。

しかし、私がいいたいのは、単に道具として使えばいいという単純な話ではない。そうではなくて、公共哲学そのものを実践としてとらえようという提案なのだ。図式化するなら、「従来の公共哲学＝学問」に対して、「公共性主義＝実践」という違いになる。この場合、実践の前提として思想があることはいうまでもない。

したがって改めて定義するならば、公共性主義とは、公共的なものを善であるとして、社会における公共的なものの価値を高めようとする考え及びそのための行動ということになる。この場合の公共的なものとは、「私」と他者が共有可能性を有するあらゆる事象を指す。なぜそれが善なのかというと、そこに潜在的な喜びや利得が生じ得るからである。

もちろん、共有するということには摩擦がつきものである。価値観の異なる他者と同じものを使ったり、同じことについて考えるとき、必ず衝突が起こる。しかし、その対立を乗り越えた先には、分かち合いが待っているのである。分かち合えることは喜びである。問題を共有する場合には、その結果として問題の解決に至る可能性もある。それは利得である。

こうした意味で公共的なものが善であるというのは、大方の賛同を得られると思う。中にはドイツの哲学者ハイデガーのように、公共性を否定的にとらえる見解もないことはない。彼はこんなふうにいっている。「公共性は、すべてのものを不明確にしてしまい、こうして隠蔽されたものが、熟知のものであり、誰にでも近づき得るものであると、言いふらす(12)」。

あるいは、社会学者の立岩真也は次のように懸念を示している。「国家に、また市場に、どこまでのことをさせるか、させないかを考える必要がある。こうした当然のことがいつまでたっても論じられない中に、『公共性』なる言葉が位置付いてしまっている」と。[13]

よく見ると、ハイデガーも立岩も公共性自体が悪いといっているわけではない。両者に共通するのは、公共性という概念の曖昧さである。したがって、その曖昧さを肯定的にとらえるなら、こうした批判は当てはまらないことになる。実際、公共性は形を変え得る柔軟性を備えているからこそ、「私」や国家といった境界及び権限を硬直的に主張する領域の補完性たり得るのである。

しかしそれでも、上記のように公共性主義を定義するとき、少なくとも二つの疑問が提起されることが推測される。一つ目は、功利主義との違いが不明確になるという点である。なぜなら、喜びや利得の量が多ければ多いほど正しいというようにも聞こえかねないからである。しかし、公共性の実現のためには、必ずしも量が多ければいいというわけではない。たとえば、公共性を維持することで利益を得る人が多数者になるとは限らないのである。

もちろん、社会をよくすることが目的なので、ひいては多数者の利益になることが目指されているのは間違いない。ただ、それが第一義的に目指されるべきものではないという点において、やはり功利主義とは異なるといわざるを得ない。

二つ目の想定される問題提起は、なぜそもそも行動まで要求するのかという点である。それは、公共的なものは行動によってのみ現実のものとなり得ると考えるからである。ここで私のいう行動とはpracticeのことであって、抗議活動や実力行使、あるいはもう少し卑近な例でいうとまちづくり活動などを指している。いずれにしても、思考や議論の段階と実践の段階が分かれていない点がポイントである。思考即実践、つまり陽明学の言葉でいえば知行合一に近い。陽明学では、知ることと行うことは同義であるとして、実践を重視した。

いつの時代も、観念的な学問の消極的な態度に対して異議が唱えられるものである。とりわけ時代が行き詰まっているときには。その意味で、私が行動に目を向けるのは、特殊なことではない。普遍的なことですらあるのだ。大げさにいうなら、人類の普遍的な欲求として、今まさに文字通りの行動が求められているのである。

そこですぐに思い浮かぶのは、ハンナ・アーレントが『人間の条件』の中で提起した活動(action)という概念である。アーレントは公共哲学の祖として位置づけられている思想家であるうえに、活動という言葉をキーワードの一つにしている。したがって、私が唱える行動の勧めは、彼女の説く活動の勧めと同じように聞こえるかもしれない。

しかし、両者は別ものなのだ。私の議論の多くはアーレントに負っている。そこは認めざるを得ない。たしかにアーレントは、政治哲学を構成する二つの要素、言論と活動を分離し、今やそれが言論のみになっていることを非難した点において正しい。つまり政治はもはや弁論術に成り下がっているというわけである。だからもう一度政治哲学に活動を取り戻そうとしたのだろう。(14)

しかし、アーレントのいう活動の本質は、私からするとそれでもやはり言論なのだ。それは次のアーレントの表現からも明らかだろう。

言論なき活動がもはや活動ではないというのは、そこにはもはや活動者《アクター》がいないからである。活動者すなわち行為者は、彼が同時に言葉の話し手である場合にのみ可能なのである。(15)

つまり、アーレントのいう活動には言論が不可欠なのだ。そして、言論なき活動は活動たり得ないという。これではまるで、活動が言論の操り人形のようにも聞こえてしまうのは私だけではないだろう。古代ギリシアのアゴラにおける議論を政治のお手本にしようとするアーレントにとって、結局活動とは対話なのである。

もちろん言論と活動とは異なる表現である以上、活動にはそれを超えた行為も含み得るのだろう。しかしそれは、あくまでアーレントが単なる思弁としての観想的生活と比較して、活動という表現を使っていることによる論理的な帰結にすぎない。単に思うだけのことを観想と呼び、それ以外を活動と呼ぶなら、活動には言論も行動も含み得る。

では、その活動において言論と行動のいずれが大事かという話になると、アーレントにとっては言論なのだ。観想、弁論術、言論、行動という四つの表現にグラデーションを認めるとするならば、アーレントは言論以下を活動と呼ぶのに対して、私は最後の行動のみを行動と呼んで区別しているのである。その点で、アーレントの活動（action）は私のいう行動（practice）とは明確に異なるのである。この部分を厳密に区別することこそが、哲学を単なる言語的営みから、社会を変える力へと昇華させるきっかけになるのである。

私の考えとの違いは、活動によってその人が何者であるかが明らかになるとアーレントがいっている点にも表れている[16]。それはあくまで暴露され、現れるのであって、自ら意識して名乗るものではない。というより、そのようなことはできないというのだ。

これに対して、行動する場合は、自ら名乗りを上げざるを得ない。何者かということを意識せずして、行動には移せないのだ。戦国時代の武将が自ら名乗りを上げたうえで戦に臨んでいたのがその典型である。彼らは皆、「やあやあ我こそは」と自らのアイデンティティを明らかにし、そのうえで行動に出たのである。

このメンタリティはわかるような気がする。行動に出るというのは、勇気のいることである。私たちは少なからぬ犠牲を覚悟して、あえて行動に出るのである。そのとき、自分はなぜそうまでしてこの行動に出るのか、必然的に問うことになるのだ。

だから、アーレントの活動のように、その結果として何者であるかが明らかになるといった消極的なものであってはならないし、それは不可能だろう。私は決して言論の価値を否定するものではないが、それ以上に行動の価値が軽視されていることに問題意識を覚えているのである。行動はそれほど重いのだ。

そもそもアーレントは「人間の条件」として活動について論じているわけだが、彼女のいう条件とは彼女の母国語であるドイツ語だとBedingung、つまり制約を意味している。[17]このように、活動もまた、人間を規定する消極的なものとして位置づけられている点に注意が必要である。

したがって、私のいう行動（practice）は、ましてや一般的な人間の行動を意味する単なる行為や振る舞い（behavior）とはまったく異なる。むしろ蜂起や立ち上がること（rise up）へと直結するより積極的なものとしてとらえていただいていいだろう。[18]それは外部への働きかけを不可欠のものとする概念なのである。前に紹介した哲学プラクティスも、その意味であえてプラクティスという表現を使っているものと思われる。

蜂起とまでいうと、行動の結果、破壊行為が行われるのではないかとの懸念も生じるかもしれない。しかし、むしろ批判にとどまることこそが破壊であって、行動に出てはじめて創造の段階が訪れるのではないだろうか。

このように革命のようなものを行動のイメージとして措定すると、アーレントが『革命について』において論じた革命の概念が重なってくるかもしれない。たしかにアーレントは、『人間の条件』で活動の意義について論じた後、『革命について』の中で革命を肯定的に論じている。すべての革命が手放しで称賛されているわけではないにしても。

そう考えると、私がいうように活動は言論の域にとどまっているとしても、革命は行動の範疇に入るのではないかとも思われる。だからこそアーレントも革命についてわざわざ論じたのだと。はたして、アーレントは革命に限って行動を奨励しているのだろうか？　その意味において、アーレントは私の唱える公共性主義の先駆でもあったのだろうか？

これについては、もし『革命について』が『人間の条件』の単なる応用、あるいはアーレント研究者のヤング＝ブルーエルがいうように「随伴的なケース・スタディ[19]」にすぎないなら、そのようにいえるのかもしれない。革命は活動の一例であり、そもそもアーレントは行動の勧めを説いていたのだと。しかし、その理解はあまりに単純だろう。なぜなら、「人間の条件」として論じられている日常と、革命の非日常はあまりに違う事態だからである。それはアーレント自身が、『革命について』の中で「古い秩序の終りと新しい秩序のはじまりのあいだにある裂け目[20]」と表現していることからも明らかである。

アーレントにとっての革命は、決して人間の条件ではないのだ。それは裂け目であり、日常の行動が終わる非日常的事態なのだ。したがって、『革命について』は『人間の条件』のケーススタディなどではなく、むしろ例外的事態について論じたものだととらえていいだろう。人間の条件という枠組みを超える事柄なのである。

では、革命自体は行動といえるかどうか？　これもまた否と答えざるを得ない。なぜなら、日常的な活動が挫折した先に予定される革命は、消極的な選択にすぎないからである。私が唱える行動は、もっと積極的な選択である。その点で、アーレントのいう革命は、行動の放棄ですらある。革命は行動の挫折としてではなく、行動の一形態として位置づけられなければならない。言葉を超えた人間の一つの表現行為として。

むろん言葉を発することも行動になり得る。そのことを否定するつもりはまったくない。ただ、言葉を超えた行動の重み、意味についてあえて考えていただきたいと思う。私たちの日常においても、なぜ「口だけ」だとか「言うだけ」といった表現が否定的ニュアンスをともなって用いられるのか。その意味について考えていただきたいのだ。言論が行動になるときもあるが、それだけでは行動になっていないこともある。今まさに時代は言葉を超えた行動を求めているのではないだろうか。この点については、章を改めて詳細な議論を展開したいと思う。

さて、以上が私の提起する公共性主義のあらましなのだが、最後にこれに似た「公共主義」という言葉との違いを説明しておこう。たとえば、公共主義という用語は、政体としての共和主義を指すものとして使われることがある。小林正弥は友愛のコミュニティを目指すための思想として新公共主義（neo-republicanism）を掲げているが、その際公共主義について次のように説明している。

日本では、共和主義というと反‐天皇という意味と考えられて概念が流通しにくいので、実質的共和主義を実現するために、「公共的なるもの」という語源に注目して、republicanismを「公共主義」とも訳しているのである。(21)

その意味で、私は公共性主義という言葉を新たにつくり、政体としての共和主義と区別すべく、英語の表記についても、public-ismとハイフンをつけた造語を用いている。ハイフンなしのpublicismだと、公論といった別の意味になってしまうからである。

なお、小林の新公共主義自体は非常に魅力的な思想であり、私の提起する公共性主義と重なるところも多いが、「活私開公」をスローガンとして維持している点や、何より行動に消極的な愛による「友愛革命」を最終目的とする点で大きく異なる。[22]

だからといって、公共性主義は決して暴力革命を積極的に肯定するものではない。この点については、次章において公共哲学の変遷を追う中で丁寧に説明したいと思う。ただ、ときにそれが闘争や抗争に発展し得るのは仕方がない。行動には常にリスクがともなうものだ。それは個人の日常における行動のレベルから、国家の国際関係における行動のレベルに至るまで、一貫していえることである。行動に潜む希望と絶望の可能性。しかしそこを避けていては、公共性に未来はないのである。

その点で、『公共的なるもの』の著者権安理が述べている〈公共的なるもの〉がさらなる可能性をもち得るための条件には、私も賛同する。[23]権が挙げる一つ目の条件は、国家と市民の対等な関係を見直すことである。

つまり、すでに国家と市民は形式上も歴史上も対等なものとみなされるようになっているからこそ、あえて共同・協働という常識化した関係性をいったん見直し、闘争・抗争的な要素を復活させてはどうかというのである。かといって、闘争を恒常化させるというのではない。

あくまで自由が危機に瀕したときには、闘争も辞さないということである。それはまさに私が掲げる公共性主義の行動にほかならない。行動が向かう矛先は、どうしても権力になるだろう。だから必然的に行動によって国家と市民の関係を見直すことになるのだ。

そのうえで、権は二つ目の条件として、唯一無二で具体的なニーズや問題に対して配慮することを挙げる。予め常に国家と闘争関係にあるとすれば、公共性として主題にすることはいつも同じになってしまうだろう。共産主義の敵が常にブルジョアであり、そうした姿勢が硬直したドグマティズムを招来してしまったように。

権によると、そうではなくて、個別具体的な状況に対応する過程で、公共的なものを生成させることが重要になってくるのである。そうして他なるものの声に応答することで、公共空間は現れるという。

行動がイシューごとに立ち上るものであるとするなら、当然そういうことになろう。常に城を構えて交戦状態を続ける必要はない。それは時間とエネルギーの無駄ですらある。私たちには日常生活がある。ヘルメットをかぶって、大学に立てこもって生きるわけにはいかないのだ。でも、必要なときにはヘルメットもかぶれば、デモもする。そういう意味で「当たり前の」日常を公共性主義は描こうとしているのである。

□注

（1） 黒住真「徳川前期の公共をめぐる倫理思想」『公共哲学の古典と将来』宮本久雄、山脇直司編、東京大学出版会、二〇〇五年、一五七―一九五頁。

（2） この表現は、当時話題になった古市憲寿『絶望の国の幸福な若者たち』からとったもの。ちなみに、二〇一〇年には『超訳　ニーチェの言葉』がベストセラーになり、拙著『人生が変わる哲学の教室』をはじめとした一般向けの哲学書が多く出版された。その意味で哲学にとって画期的な年でもある。稲岡大志は、こうした一般向けの哲学を「ポピュラー哲学」と呼び、この時期時代の行き詰まりがそれを求めた結果であると分析している（稲岡大志「『ポピュラー哲学』で哲学するためのブックガイド」『フィルカル』vol.4 No.1、株式会社ミュー、二〇一九年）。

（3） Simone Chambers, "The Epistemic Ideal of Reason-Giving in Deliberative Democracy," in *Social Epistemology Review and Reply Collective*, Vol. 6, No. 10, 2017, p.63.

（4） 丸山俊一、ＮＨＫ「欲望の民主主義」制作班『欲望の民主主義　分断を越える哲学』幻冬舎、二〇一八年、二二二頁。

（5） ヤン＝ヴェルナー・ミュラー『ポピュリズムとは何か』板橋拓己訳、岩波書店、二〇一七年、二七頁。

（6） Kwame Anthony Appiah, *Cosmopolitanism: Ethics in a World of Strangers*, W. W. Norton and Company, 2006, p. xv.

（7）アレクサンドル・コジェーヴ『ヘーゲル読解入門 『精神現象学』を読む』上妻精、今野雅方訳、国文社、一九八七年、三一五、三二四、四一八頁。

（8）東浩紀『動物化するポストモダン オタクから見た日本社会』講談社、二〇〇一年。他者とのコミュニケーションを重視せず、自分だけの世界に浸りきり、アニメ、マンガ、ゲーム、フィギュア、アイドルといった消費対象に没入する現代の若者たちを見ると、この分析がいかに現実を正確にとらえているかがわかるだろう。

（9）稲葉振一郎『「公共性」論』NTT出版、二〇〇八年、六六頁。

（10）佐々木毅、金泰昌編『公共哲学〈1〉 公と私の思想史』東京大学出版会、二〇〇一年、二四九―二五〇頁。

（11）二〇一八年九月一三日付「日本経済新聞」夕刊に掲載された「自分本位は支援にあらず」という記事の中で、まさにこうした例が紹介されていた。

（12）ハイデガー『存在と時間』（世界の名著74）、原佑、渡辺二郎訳、中央公論社、一九八〇年、二四一頁。

（13）立岩真也「公共性による公共の剥奪」『談〔特集〕「公共性」と例外状態』（一七号）公益財団法人たばこ総合研究センター［TASC］、二〇〇五年、四三頁。

（14）Hannah Arendt, *The Human Condition*, The University of Chicago Press, 1958, p.26.（ハンナ・アレント『人間の条件』志水速雄訳、筑摩書房、一九九四年、四七頁）

（15）Arendt, *The Human Condition*, pp.178-179.（アレント『人間の条件』、二九〇頁）
（16）*Ibid*., pp.179-181.（同書、二九一―二九四頁）
（17）実際本人が訳したドイツ語版ではこの語が用いられている。ただし書名はラテン語で「活動的生活」を意味するVita Activaになっている。
（18）ただし志水速雄はbehaviorを行動と訳している。Arendt, *The Human Condition*, p.41,43,45（アレント『人間の条件』、六五、六七、六九頁）
（19）Elisabeth Young-Bruehl, *Why Arendt Matters*, Yale University Press, 2006, p. 80（E・ヤング＝ブルーエル『なぜアーレントが重要なのか』矢野久美子訳、みすず書房、二〇〇八年、八七頁）
（20）Hannah Arendt, *On Revolution*, Viking Press, 1963, p.197-198.（ハンナ・アレント『革命について』志水速雄訳、筑摩書房、一九九五年、三二七―三二八頁）
（21）小林正弥「古典的共和主義から新公共主義へ　公共哲学における思想的再定式化」、宮本久雄、山脇直司編『公共哲学の古典と将来』東京大学出版会、二〇〇五年、二五六頁。
（22）同書、二五七、二七八―二七九頁。
（23）権安理『公共的なるもの　アーレントと戦後日本』作品社、二〇一八年、二八二―二八四頁。

第2章　公共性をめぐる議論の変遷

現代における公共性の議論は、1960年代くらいから本格化する。ということはまだ半世紀程度の歴史しかないわけである。にもかかわらずそこにはすでにいくつかの変遷がある。それは公共性という概念自体が時代の子であるからにほかならない。

つまり、公共性は時代を映す鏡のごとく、外的要因によって規定される。したがって、理論の精緻化というよりも、時代にどう対応するかという視点から議論が進んできたように思われる。本章ではまず、そんな公共性をめぐる議論の変遷を確認しておきたい。

たとえばイタリアの社会理論家ワルテル・プリヴィテラによると、公共圏への関心は、今第3のフェーズにあるという。第1フェーズはハーバーマスが『公共性の構造転換』を発表した1962年。第2フェーズはその英訳版が出た1989年以降。そして現在我々は「応答する公共圏（responsive public sphere）」ともいうべき第3の段階にあると訴える。つまり、ポピュリズムによって公共圏が浸食されており、それに応答する形で公共圏を高めようとする議論が生じているという(1)。

あるいは、カナダの政治理論家ジェイムズ・タリーは、ハーバーマス以来の規範的な公共性の議論の伝統に対して、「批判的活動行為としての公共哲学」を提唱している。これは市民が積極的に実践理性を行使し、社会変革に携わることを求めるものである(2)。

いずれにしても、今公共性の段階は新たなフェーズに差し掛かっていることは間違いない。プリヴィテラやタリーの議論をもとに、私なりに整理すると次のようになるだろうか。まず、第1フェーズとしての「手続きの公共性」の段階。つまり、プリヴィテラのいう第1フェーズと第2フェーズをセットにして、公共性を手続きの問題としてとらえていた段階である。ここでいう手続きとは、ハーバーマスが重視した討議のプロセスを指している。

周知のとおりハーバーマスの公共哲学は、市民社会が「自律的な公共圏」を構成し、いわばインフォーマルな公共圏としてフォーマルな政治システムに働きかけていく営みにほかならない(3)。

したがって、この意味での公共哲学は、正しい議論の勧めではあっても、決して狭義の行動を勧めるものではない。2000年初頭の日本におけるアカデミズムの議論もそうであったように、正しい議論だけでは、フォーマルな政治のオルタナティブにはなり得ないのだ。政治には行動をともなう。公共哲学にもその要素がない限り、いくら潜勢力を備えていたとしても、結局は牙を持たない猛獣のようなものにすぎないのである。

そうした現実の中から、第2フェーズの「批判としての公共性」の段階が登場してきたように思われる。先述のタリーの立場はまさにそうだろう。あるいはアーレントの説く公共哲学もこの第2フェーズに当てはめ得るのかもしれない。

なぜならアーレントは、『カント政治哲学講義』において、行為者よりも公共的領域に関心を寄せる観察者の役割のほうを重視しているからである。(4) ここでいう観察者とは、批評家にほかならない。行為者が当事者なら、それを一段上の高みから批評するのが批評家の仕事である。

アーレントが「活動」という言葉を使いつつも、なぜかそこに能動的なものを感じられないのは、アーレント自身のそうした批評家的態度が影響しているからだと思われる。その点で私のいう行動と、アーレントの掲げる活動には決定的な違いがあるといっていいだろう。

結局、タリーもアーレントも、単なる議論だけでなく、それ以上のものを求めているという点では、一歩前進しているのは間違いない。ただ、それでも不十分なのは、積極的な行動のための指針が明確に提示されていない点である。

そこには、あくまで現状への批判機能としての公共性を求めるにすぎないある種の消極性が横たわっているのだ。言い換えると、行動が呼びかけに終わっている、あるいは行動が言論のおまけのようになってしまっているのである。

繰り返すが、公共哲学がフォーマルな政治の真のオルタナティブになるためには、少なくとも行動は言論と同程度に重視されなければならない。そしてときには主にさえならなければならないのである。

その点で、プリヴィテラの唱える応答する公共圏という概念は、たしかに第3のフェーズに足を踏み入れつつあるものとして評価できよう。ただし、私にいわせればそれはまだ片足を第2フェーズに残したままなのだ。

本格的な第3フェーズは、いまだ訪れていない。それは来るべき公共哲学として、今ここに生成しつつあるのだから。本書ではそれを「行動の公共性」と名付けたいと思う。積極的に行動を求める段階である。応答する公共圏の場合、応答の言葉通り、行動はどうしても副次的なものにならざるを得ない。

しかし、プリヴィテラの議論が来るべき第3フェーズを準備するための礎になる可能性は十分ある。そこで、最新の公共哲学ともいうべき応答する公共圏の概略を確認しておきたい。プリヴィテラが『公共圏とポピュリストの挑戦』の中で、応答する公共圏について述べている部分を、以下数箇所抜粋する。

本書はポピュリズムによって毀損された政治文化の文脈において、民主国家の公共圏に何が起こり得るか、またそうした潮流に対峙するためにどのような試みがなされ得るかについての考察である。[5]

要するに、我々は次のように言えるだろう。応答する公共圏（the responsive public sphere）は、新しい事柄について議論したり正当化したりする傾向にはなく、逆に、毀損され、忘れられてしまった政治文化の諸側面を、我々がエコロジカルなアプローチと呼ぶ方法によって保存しようとしているのだと。[6]

この応答的な機能は、かつてなかった新たな動員の形をとって表現されている。またそれぞれ非常に異なる社会に関心を寄せている。したがって、我々は次のようないくつかの例を想起するよりほかない。つまり、ベルルスコーニの20年間にイタリアで沸き起こってきた抗議活動、イランのイスラム国家の権威主義的構造に対する反抗、トランプ大統領に対する最初の頃の強烈な反応、ミャンマーの独裁政治に対する僧侶たちの反乱、アルゼンチンの行方不明者の母親たちによる抗議、北アフリカ全体における暴動である。[7]

以上の引用箇所からわかるのは、応答する公共圏がポピュリズムに対抗するものであること、またそれが毀損されたものの保存であること、さらに動員の形をとることである。つまりそれは、ポピュリズムという政治のムーブメントが、議論することで少数者の意見も掬い上げようとする政治や民主主義のあるべき姿を毀損しているので、それを回復するために受動的に沸き起こった現象なのだ。そこでは、あらゆる層の人々が自主的に立ち上がって抗議活動に参加するという新しい形での動員が生起している。

ポピュリズムに対して危機感を覚え、それに対して反応しようというのはいい。政治に任せるだけでなく、公共圏が立ち上がる必要があるということ自体には賛同できる。公共圏は常に存在するが、それがいつも戦闘態勢にある必要はないだろう。大きな問題が生じたときにだけ行動をとればいいのだ。

その意味では、たしかにプリヴィテラは行動をとることを前提にしている。いや、実際に新たな動員という名の行動そのものを指して、公共圏と呼んでいる。ただ問題は、その行動があくまで受動的なものにすぎないという点だ。何か問題があったときにはじめて反応するというのだから。公共性主義はそうした新たな提案の延長線上に、より能動的な、いわば「働きかける公共圏」として位置づけることができる。

受動的に反応するだけなのか、それとも能動的に働きかけるのか。ここには大きな違いがあるといえるだろう。それは単に言葉の問題、あるいは受動能動といった態の違いという形式的な差異を超えて、もっと根源的な問題を孕んでいる。

そもそも公共哲学という概念は、社会を変えるためにわざわざつくり出されたものである。かつてヘーゲルが宣言したように、哲学とはすべてが終息してから、ようやく動き出す最終審判のような存在にほかならない。彼はそれを夜明けと共に飛び立つミネルヴァのフクロウと表現した(8)。

たしかに哲学はそうした存在であるべきだと思う。物事の本質を探究する学問が、最先端の学問のように慌てて答えを出す必要はないだろう。それはコンピューターに任せておけばいいのだ。しかし、公共哲学に関しては、やや事情を異にする。

それは社会とかかわりを持つ学問であり、きわめて実践的なものであるといっていい。社会とかかわりを持つとはそういうことである。生き物としての社会は、常に即答を求めている。そうでないと意味がないのだ。今どうすればいいのか、たとえば、国民を擁する社会がどう判断すればいいのかは、すぐ答えを出さないことには意味がなくなってしまう。場合によっては、国民を失うことにもなりかねないからだ。開戦の判断がそうであるように。

公共哲学には、そうした現実と歩調を合わせざるを得ない側面がある。だから受動的ではいけないのだ。それは哲学一般に求められる態度であって、公共哲学に求められるものではない。公共哲学は、能動的であることによってはじめて存在意義を認められるものなのだ。

少なくとも哲学という領域においては。

　こうした哲学の存在意義に鑑みても、応答する公共圏には問題があるといわざるを得ない。私が、働きかける公共圏、あるいは公共性主義といった新たな概念を掲げるのはそうした理由からである。逆にいうと、これまでそうした概念が主張されてこなかった現実には大いに問題がある。おそらくそれは、哲学と名のつくものに対する偏見に起因しているのだろう。哲学は受動的でいいという固定観念が、哲学を去勢してきたのだ。しかし、事態は変わった。いや、変えるべきなのだ。哲学にも能動的、もっというなら攻撃的なものがあってもいい。それが公共性主義にほかならない。

ここまで公共性をめぐる議論の変遷を簡単に追ってきたが、実はそれぞれの議論が順に入れ替わってきたわけではない。残念ながらそう単純ではないのである。新しい議論の登場によって、たとえば手続き的な議論が批判されたからといって、それがただちに破綻することはない。むしろ批判のほうこそが間違っているということも考えられるだろう。

すなわち、あらゆる議論は並列的に存在しているのである。しかも錯綜して。そこで『公共性の法哲学』の編著者である井上達夫は、そもそも「何の公共性か」という視点から次の四つの分類を行い、これら相互の議論の関係を整理している。(9) つまり、①領域的公共性論、②主体的公共性論、③手続的公共性論、④理由基底的公共性論の四つである。領域的公共性論とは、統治権力の規制対象となり得る公的領域と、その対象外としての私的領域を区別するもの、主体的公共性論とは、公私の区別を主体の区別と考えるもの、手続的公共性論とは公私の区別を意思決定の手続きの区別とするものである。

これに対して理由基底的公共性論とは、公私の区別を私たちの行動や決定の理由の区別に求めるものである。このように分類したうえで、井上はすべての根底に④の理由基底的公共性論があると主張する。なぜなら、立場が異なる他者からも合意を取りつけ、事柄を共有していくためには、根底のところで公共的理由が求められるからである。そうでないと、なぜその領域で公私を分けるのが妥当なのか、なぜその主体で公私を分けるのが妥当なのか、あるいはなぜ手続きさえきちんと経ていれば妥当だといえるのかという問題がいつまでも残ることになる。

この点には私も賛成である。かつて私は、アメリカの政治学者スティーヴン・マシードの主著 Liberal Virtues を翻訳出版した際、日本語のタイトルを次のようにした。『リベラルな徳　公共哲学としてのリベラリズムへ[10]』。注目していただきたいのは、サブタイトルである。マシードの議論はパブリック・リーズニング、つまり社会制度をいかにして公共的に理由づけていくかに関するものであるが、それはまさに公共哲学としてのリベラリズムを説くものだったのだ。

マシードは、リベラリズムと価値判断は矛盾しないとして、リベラルな徳という概念を提起していた。つまり正義の基底には、常に公共的理由による価値判断があってしかるべきだと考えていたのである。私の公共性主義も基本的にその延長線上にあるといっていい。

井上の議論はこのマシードの議論とパラレルの関係にあるといえ、そこまでは従来私が考えてきたことと一致している。ただし、井上の立場だと公共的理由がベースにあって、その上に手続きなどの他の領域が載るような二段構えになる。ここで先の私の整理を思い出していただきたいのだが、公共性に関する議論には、手続きの公共性、批判としての公共性、行動としての公共性の三段階が必要なのだ。そうすると、一番根底の部分に公共的理由が来たとして、その上に手続きの公共性や批判としての公共性が載り、さらに三段階目として行動の公共性が載っている必要がある。

第5章では行動に至るまでのステップについて論じる予定だが、その部分だけを見るといかにも手続的公共性の議論のように思われるかもしれない。しかし、三段階目に行動が予定されている点で、従来の手続的公共性の議論とは異なるのである。

もっというならば、この行動の部分がない限り、公共哲学としては不十分だというのが本書の趣旨にほかならない。二段階目までだと、いくら公共的理由に合意し、かつ手続きを経てそれを他者にも要求できるとしても、そこ止まりである。これが従来の議論との断層線だといっていいだろう。

誤解しないでいただきたいのは、ここでいう行動とは、アーレントが政治を構成する要素として言論と共に挙げている行動[11]であって、個別の行動ではない。だからこそアプリオリに正しいものとして要求すべきなのである。行動の可能性が前提として予定されていない政治はあり得ない。いや、身体を持った人間の営みとして、そもそもあり得ないのではないだろうか。

ただし、個々の状況において個別の行動をとるかどうかについては、別途判断が必要である。つまり、行動というオプションがある中で実際に行動をとるのがいいのかどうかは別問題なのである。その結果行動を控えるという判断もあり得る。しかしそれもまたいわば消極的行動なのである。

具体例を挙げよう。たとえばポピュリズムが問題になっているとする。まず日本においてポピュリズムを克服することが善なのかどうか公共的理由の判断をする。その結果、ポピュリズムは個々人の意見を押しつぶしてしまうので、正しくないということになったとする。次に、それがきちんと手続きにのっとって議論されたかどうかを吟味するのである。言い換えると、開かれた議論になっているかどうか吟味するということである。

もし問題がなければ、行動すべきかどうかの検討に入る。これは行動が正当化されるかどうかの検討である。もしここがクリアーできれば、実際に具体的な行動に出るということになるだろう。この場合は、ポピュリズムを阻止する行動をとるということである。

単なる規範の提示だけではなくて、実際に行動に出るというところがポイントである。そしてその際、最初から行動を念頭において議論がなされている点が重要なのだ。プリヴィテラはポピュリズムへの対抗という意味で、応答的という表現を使っているが、応答というのは受動的な行為である。行動というからには、むしろ働きかけることが必要不可欠なのだ。もう一度繰り返すが、今私たちに求められているのは「働きかける公共圏」なのである。

働きかける公共圏

ここで、「働きかける公共圏」のイメージを少しふくらませておこう。公共圏が働きかけるとはどういうことか？　ここには二つの意味がある。一つは、その公共圏を構成する成員が、生起する問題に対して積極的に働きかけるという意味。もう一つは、その公共圏自体が、生起する問題に対して働きかけるという意味である。もちろん両者はリンクしている。

公共圏の成員が問題に対して働きかけることで、その公共圏は全体として問題に対して働きかけることになるのだから。しかし、逆は常に真であるとはいえない。つまり、公共圏全体として問題に働きかけるからといって、その公共圏の成員が積極的に働きかけているとは限らないのである。市民があまり政治に関与していない場合には、政治的公共圏、つまり行政が問題に働きかけることはあっても、市民そのものは働きかけを行っていないというケースが考えられる。

しかしそれはもはや公共圏と呼べるのかどうか疑問であるし、何よりそのような事態は決して望ましいとはいえないだろう。したがって、働きかける公共圏においては、やはり成員が積極的に働きかけることによって、公共圏そのものが問題に対して働きかけるという姿が理想なのである。

そうした個々人の態度と、公共圏という共同体そのもののあり方が結びつくイメージについては、先駆的なお手本がある。それはヘーゲルの人倫（ジットリヒカイト）という概念である。ヘーゲルはこれを次のように定義する。

> 人倫とは生きている善としての自由の理念である。生きている善は、おのれの知と意志のはたらきを自己意識においてもち、自己意識の行動を通しておのれの現実性をもつが、他方、自己意識もまた、人倫的存在をおのれの、即自かつ対自的に存在している基礎とし、おのれを動かす目的としている。——人倫とは、現存世界となるとともに自己意識の本性となった、自由の概念である。(12)

つまり、人倫とは、共同体に基礎を持つ個人の自己意識が、その共同体に働きかけることで成立する善なるものなのだ。そしてその善なるものをヘーゲルは自由の理念と呼ぶ。ヘーゲル哲学においては、自由こそが最終目標だといってもいいだろう。現に、国家の目標も自由の実現であるとされているし、また歴史の目的も自由を実現することであるとされている。

したがって、人倫は個人の意識が共同体と一体となって作用することで、最高のものである自由を実現する存在であるということになる。ヘーゲルの共同体論が画期的だったのは、このように共同体を個人の意識と一体のものとしてとらえた点である。そうした個人の意識は心術（ゲジンヌング）と呼ばれる。

家族という共同体では愛が、市民社会という共同体においては実直さが、そして国家においては愛国心が貫徹しているというのである。私が働きかける共同体としてイメージするのは、この市民社会である。成員が市民社会に働きかけることで、それは国家を変える原動力となる。

そもそもヘーゲルの共同体論においては、市民社会の存在が重要な役割を果たしている。よく誤解されているように、それは単なる市場を意味するものではなく、また国家という統治の仕組みと無関係のものでもない。むしろ公共圏のエンジンのような働きをしているのである。それについて福吉勝男は、『現代の公共哲学とヘーゲル』の中で次のように表現している。

私の理解するヘーゲルは自治集団（団体）としての〈Korporation〉や〈Kreis〉を内に含んだ（他に主として「欲求の体系」と「福祉行政」を含む）複合体を「市民社会」（bü rgerliche Gesellschaft)と規定したのである。したがってヘーゲルの市民社会は自治集団（団体）だけで市民社会を意味するわけではなく、こうした集団（団体）と市場および国家行政的なものも含め理解されていた(13)。

ここでは市民社会は、社会に働きかける市民の集団そのものを指しているといっていいだろう。今でいえば地域の団体も、業界団体や労働組合も、そして市場さえも含むのである。もちろんデモに集まったような群衆も。しかもそれらが国家に影響を与え得る政治のアクターとして位置づけられているのである。

もちろんそうした市民社会が正式に統治の仕組みに取り入れられているわけではない。あくまでも非公式なアクターとして位置づけられているのである。その典型が「世論」という方法である。ヘーゲルは世論を高く評価する。それは「現実社会の真の欲求と正しい方向とを含んでいる」のだと(14)。公共的な意見としての世論が、統治の公式的なアクターである議会に働きかけを行う。そういう機能に期待をしているわけである。

しかし同時に、ヘーゲルはそうした世論に両義性があることも認めており、それが誤謬につながり得る危険性を指摘している。ここで問題なのは、世論を本質的としては真理であると評価しつつも、ひとたびそれが外に現れると誤謬と化すととらえている点である。だから市民社会にポテンシャルを認めつつも、行動と結びつける段になると急にトーンダウンしてしまうのだ。

ヘーゲルの共同体論が市民社会を否定的契機ととらえて、国家の段階に移らざるを得ないのは、市民社会に対する内在的な警戒感が横たわっているからなのである。この警戒感は、ヘーゲル自身の経験に根差している。彼は若き日に見たフランス革命に憧憬の念を抱きながらも、その破壊的側面に幻滅し、自らは国家による現実的な社会改革に奔走した。

ヘーゲル自身が書いたように、哲学が時代の子であると同時に、哲学者その人もやはり時代の子なのである。その意味で、国家の限界を知る現代の私たちは、時代の子としてあえて市民社会に行動を期待すべきだと思うのである。ヘーゲルの人倫に、働きかける公共圏の原型を見つつも、私たちは今それを乗り越えていかねばならないのである。真の働きかける公共圏、行動に向けて。

□注

（1） Walter Privitera, *The Public Sphere and the Populist Challenge*, Mimesis International, 2018.

（2） James Tully, 2008, *Public Philosophy in a New Key: Volume* □, *Democracy and Civic*

Freedom, Cambridge University Press ,2018.

（3） Jürgen Habermas, *Faktizität und Geltung: Beiträge zur Diskurstheorie des Rechts und des demokratischen Rechtsstaats*, Suhrkamp, 1992, S. 433. 河上倫逸、耳野健二訳『事実性と妥当性　法と民主的法治国家の討議理論にかんする研究』下、未來社、二〇〇三年、九七頁。

（4） Hannah Arendt, *Lectures on Kant's Political Philosophy*, ed. by Ronald Beiner, The University of Chicago Pres, 1982, p.63. ハンナ・アーレント『カント政治哲学の講義』ロナルド・ベイナー編、伊藤宏一訳、法政大学出版局、一九八七年、九五頁。

（5） Privitera, *The Public Sphere and the Populist Challenge*, p.10.

（6） *Ibid.*, p.70.

（7） *Ibid.*, p.71.

（8） G.W.F.Hegel, *Grundlinien der Philosophie des Rechts oder Naturrecht und Staatswissenschaft im Grundrisse*, Werke in 20 Bänden, Bd.7, Suhrkamp Verlag, Frankfurt am Main 1970, S.28.（ヘーゲル『法の哲学Ｉ』藤野渉、赤沢正敏訳、中央公論新社、二〇〇一年、三〇頁）

（9） 井上達夫「公共性とは何か」、井上達夫編『公共性の法哲学』ナカニシヤ出版、三―二七頁。

（10）Stephen Macedo, *Liberal Virtues: Citizenship, Virtue, and Community in Liberal Constitutionalism*, Oxford University Press, 1990.（スティーヴン・マシード『リベラルな徳　公共哲学としてのリベラリズムへ』小川仁志訳、風行社、二〇一四年）

（11）アーレントは、この文脈で活動とは区別するためにあえて行為（deed）という表現を用いている。Arendt, *The Human Condition*, p.174.（アレント『人間の条件』、二九〇頁）

（12）Hegel,*Grundlinien der Philosophie des Rechts oder Naturrecht und Staatswissenschaft im Grundrisse*, S. 292 . ,§142（ヘーゲル『法の哲学 Ⅱ』藤野渉、赤沢正敏訳、中央公論新社、二〇〇一年、三頁、一部修正）なお、この藤野・赤沢訳のように、一般にSittlichkeitという語は単に倫理と訳されることが多い。たしかに、『法の哲学』第三部で論じられているのは、共同体における倫理のあり方である。しかし、ここで展開されている具体的な内容は、単なる心の問題だけではなく、制度としての共同体の諸類型、いわばシステム論の双方であって、倫理という訳語を当てるだけでは不十分であろう。そこで、こうした主観的なものと客観的なものを同時に表現するために、ここではあえて人倫と訳した。

（13）福吉勝男『現代の公共哲学とヘーゲル』未來社、二〇一〇年、一一三頁。

（14）Hegel,*Grundlinien der Philosophie des Rechts oder Naturrecht und Staatswissenschaft im Grundrisse*, S.483-484.（ヘーゲル、『法の哲学 Ⅱ』、三八八頁）

第3章　行動を引き起こすためのエートス

行動とは何か？

前章で論じたように、働きかけるというのは行動のことにほかならない。公共哲学には行動という要素が不可欠なのである。これがここまで私が論じてきた話の一番大事なところであり、また大胆にいえば本書の趣旨でもある。人間にとって行動が必要ということは、いかにも当たり前であるように聞こえるかもしれない。にもかかわらず、行動が必要だという声を頻繁に耳にする。なぜか？　それは「言うは易く行うは難し」の格言通り、人間にとって行動がとても難しいことだからだ。

この格言は元々は中国のものだが、現代日本でも頻繁に引用される。世界にも似たような表現がたくさんあることからも、いわば行動の難しさは人間にとって普遍的な問題だといっていいだろう。そこでまずは行動を引き出すためのエートスのようなものについて考えておかなければならない。つまり、どうすれば人は行動できるようになるのかということである。そのうえで、次章において行動を正当化するためのプロセスについて議論を展開することとしたい。

そもそも行動とは何か？　辞書的な意味でいうと、それは実際に何かをすることだと定義できるだろう。これはよく「口だけ」という表現と対比される。口ではいうが、実際には何もしない。そうした状況を批判するときに、「あいつは口だけだ」といったりする。ところが、実際に何かをすると、「行動力がある」などと称えられるのである。

したがって、私のいう行動とは、自らの意思に基づく言葉を超えた表現形式にほかならない。具体的には、デモや集会といった政治的行動であったり、占拠のような実力行使であったり、何より自分が考えていることを実行に移すということである。もちろん、公共性主義の文脈における行動であるから、愛する気持ちを告白という形で実行したというような個人的なことは含まれない。しかし、それがひとたび国家への愛を政府に対するデモという形で実行したというなら、もちろん行動になる。たとえそれが違法であったとしても。そのうえで、当該行動が正当化されるかどうかは別の話になる。

再度確認するが、アーレントでさえ、活動（action）といったときに、それはあくまで議論をするようなイメージでしかとらえていなかったのだ。いや、哲学の世界では、古代ギリシア以来ずっとそうだったといっても過言ではない。行動とは、行動することに関する単なる言葉の問題にすぎなかったのだ。それに対して、私がここで問題にしている行動は、言葉を超えた次元の、言葉を超えた営みにほかならない。誤解を恐れずいうならば、相手を許すことができない理由をあれこれ語るのではなく、相手を殴りつける行為そのものを指しているのである。

それにしても、なぜ行動に出ることは難しいのだろう？　ここまでの記述で、すでに行動に危険な匂いを感じている人もいるかもしれない。過激なんじゃないかとか。暴力につながってしまうのではないかとか。その危険な匂いが、行動を遠ざけているのは間違いないだろう。誰しも危険なものには近寄りたくないはずだ。しかし、その事なかれ主義が、必要とされる行動まで遠ざけてしまっていることに気づかねばならない。

なぜ行動に出ないのかという問いは、その意味で耳の痛い問いである。しかし、この問いに正面から向き合わない限り、世の中は変わらないのだ。ただ言葉だけが踊ることになる。それにこの議論は、誰もが実際に行動に出るようにするためにも極めて重要である。

行動に出ない理由を考えるには、行動の反対の意味の語を想起してもらうことがきっかけになるだろう。辞書では思考や思索といった語が対義語として出てくる。しかし、思考や思索が必ずしも行動の反対であるとはいえない。むしろ思考が行動の前提になっていたり、あるいは行動と一体となっていることも考えられるからである。

そうではなくて、本当の意味で行動の対極にあるのは、行動に出ないことのはずである。したがって、不動、退却、無関心、無といった語こそが対義語として挙げられるべきだと考える。つまり、動くということが行動の本質なのだ。動かないなら行動にならない。そしてそれは力が加わることをいう。人間の場合、身体を動かすということである。

そこから考えると、行動とは口だけでなく身体を巻き込むという点、そしてそれによってより大きな影響を引き起こすという点に特徴がある。口も身体の一部だが、両者を区別する場合、口は言葉そのものを指す。さらにそれに関連して、行動には責任をともなうという点も挙げられるだろう。これらが行動を難しいものにしているのだ。

単純に考えても、言葉で何かをいうだけなのと、行動によって物理的に物事を変えるのとでは、与える影響が格段に違ってくる。たとえば、嫌いな相手に「お前はバカだ」というのと、その相手を殴ってケガを負わせるのとでは、法律上も犯罪の種類が変わってくる。前者はせいぜい名誉棄損で法定刑は3年以下の懲役若しくは禁錮または50万円以下の罰金であるのに対して、後者の場合、15年以下の懲役または50万円以下の罰金である。懲役の期間に12年も差があるのだ(1)。

言葉は抽象的で本来形を持たず、少なくとも直接的に物事や身体を破壊することはない。これに対して、身体を用いた行動、物理的な力の行使は、物事や身体を破壊する可能性があるのだ。その違いは大きい。たしかに言葉によって人が傷つくということはあり得るが、それと暴力を同列に扱うと、呪いをかけたという人間を処罰することになってしまう。それはどう考えてもおかしいだろう。

これは実際の私たちの感覚にも合致しているものと思われる。暴力のようなマイナスの例ではなく、もっといい例を挙げてみよう。例えば、クラスでいじめられている子がいるとする。A君は「いじめはいけない」と心で思っていたが、何もいわなかった。B君は「いじめはいけない」と口に出した。C君は何もいわなかったが、すっと立ち上がり、いじめている子たちの前に立ちはだかった。

さて、A君、B君、C君のうち誰が一番称賛に値するだろうか？　もちろんいずれも正しく、素晴らしいと感じるだろう。いじめをしている人間は論外だが、いじめを気にすることもない人たちに比べれば。ただ、やはりA君に対しては、勇気を出して何かして欲しかったと感じるのではないだろうか。B君のように口に出すとか。でも、多くの人は、口に出すかどうかにかかわらず、目の前に立ちはだかったC君にはかなわないと感じたのではないだろうか。

口でいうだけなのと、実際に行動に移すのとでは、それだけ影響力の面で差があるのだ。だから行動に出るのを躊躇するのはよくわかるし、逆に行動に出た人が称賛されるのもよくわかる。行動に出るなんてすごい、勇気があるということになるのだ。

行動という言葉には、そうしたポジティブなイメージがあるのではないだろうか。それは

愛読者カード

※本書をご購読いただき有難うございます。今後の企画の参考にさせていただきますので、ご記入のうえ、ご返送下さい。

書名

●お買い上げいただいた書店名

(　　　　　　　　　　　　　　　　　　　　)

●本書をお買い上げいただいた理由

□書店で見て　□知人のすすめ　□インターネット

□新聞・雑誌の広告で（紙・誌名　　　　　　　　）

□新聞・雑誌の書評で（紙・誌名　　　　　　　　）

□その他（　　　　　　　　　　　　　　　　　）

●本書のご感想をお聞かせ下さい。

○内容　□難 □普通 □易　　○価格　□高 □普通

●購読されている新聞、雑誌名

新聞（　　　　　　　　）　雑誌（　　　　　　　　）

●お読みになりたい企画をお聞かせ下さい。

●本書以外で、最近、ご購入された本をお教え下さい。

購入申込書　小社の書籍はお近くの書店でお求めいただけます。直接ご注文の場合はこのハガキにご記入下さい。

書　名	部　数
	冊
	冊

ご協力有難うございました。

郵 便 は が き

料金受取人払郵便

日本橋局
承 認

1337

差出有効期間
2021年6月
19日まで

103-8790

052

東京都中央区日本橋小伝馬町1-5
PMO日本橋江戸通

株式会社 教育評論社
愛読者カード係 行

ふりがな		生年 明大 昭平 □□ 年	
お名前		男・女	歳
ご住所	〒 都道府県 区 市・町 電話 ( )		
Eメール	@		
職業または学校名			

当社は、お客様よりいただいた個人情報を責任をもって管理し、お客様の同意を得ずに第三者に提供、開示等一切いたしません。

単なる衝動とは異なる。単なる衝動も何かをすることには違いないが、どうもネガティブなイメージがある。おそらく何も考えずに動いている点を非難するからだろう。したがって、私たちが行動というとき、そこには予め考えの存在がある。考えたうえで、何かをするのが行動なのだ。いわば行動とは、理性と感情が身体を突き動かすことなのだ。

考えたうえで、それが感情によって実現される。つまり、身体を突き動かす結果になるということである。もとより、フランスの現代思想家メルロ＝ポンティが指摘したように、身体には両義性がある。(2) 自分の身体は単なる客体ではなく、自分の一部という意味で主体でもあるのだ。意識と対象が混在しているといってもいい。

だから本当は、意識と一体のものとしての身体が動くととらえるのが正確なのかもしれない。その意味で、心、つまり意識や感情といった要素は、行動に大きく影響を与えているのだ。それが行動のためのエートスとも呼ぶべきものなのである。

そんな行動のためのエートスを具体的に表現している哲学者がいる。アメリカの黒人の哲学者コーネル・ウェストである。わざわざ黒人のというふうに彼の人種について触れたのには理由がある。ウェストはアフリカン・アメリカンとしてのアイデンティティを重視しており、それが彼の思想にも大きく影響しているからだ。

現に、ウェストを有名にしたのはその名も『人種の問題』[3]という本であった。その後民主主義について論じた『民主主義の問題』[4]を上梓しているが、そこでも人種の問題がやはりベースになっている。

何より彼は、いまだアメリカに残る人種差別の問題に深くかかわり、またそこに直結する正しい民主主義のために行動をとり続けている哲学者でもある。したがって、行動を語るにふさわしい人物なのだ。ある意味では、私のいう公共性主義を実践している数少ない人物であるといってもいいだろう。なにしろ哲学が去勢されたこの時代に、行動のために逮捕されることも辞さない勇敢な哲学者なのだから。まさに現代のソクラテスである。

ちなみに、ウェストは常に黒いスーツを着て正装している。それがトレードマークにもなっている。彼の場合、別にテレビに出るアイコンだから衣装を着ているのでも、おしゃれに無頓着だからでもない。いつ死んでもいいように、正装しているのだという。それくらい覚悟ができているのだ。あたかも死を恐れず果敢に生きたソクラテスを彷彿させる。

そのウェストの思想的立場は、いくつかの変遷はあるものの、「預言的プラグマティズム」だといっていいだろう。これはウェストの特徴なのだが、ずばり一言で概念を定義し、その同じ表現を繰り返すのではなく、言葉を変えながら様々な視角から本質を浮かび上がらせようとする。したがって、預言的プラグマティズムについても、ウェストのいくつかの表現を紹介するほうがより正確にニュアンスを伝えることができるものと考える。以下、『哲学を回避するアメリカ知識人』から何箇所か抜粋してみたい。

預言的プラグマティズムの政治学の中心に位置する、解放をめざした社会的実験主義は、マルクス主義理論のラディカルな民主主義的要素と非常によく似ているが、その柔軟性ゆえに、いかなる教条的、先験的、一元論的断言もおこなわない。(5)

預言的プラグマティズムの実践は、革命的意図をともなった悲劇的行為なのである。

それは、たいていは改革につながる結果をもたらし、そしてつねに幻視的な視野をもつ。(6)

預言的プラグマティズムは、みずからを反体制文化批評というだけではなく、個性と民主主義のための物理的な力だと称する。「物理的な力」ということばで私が意味しているのは、なんらかの衝撃力と効果がある、あるいは世界に影響を与える実践のことのみである。(7)

ここからわかるのは、預言的プラグマティズムが民主主義のための思想であるということ、そして革命をも辞さないラディカルなものであるということ、さらには実践的で行動的なものであるということだ。そもそもプラグマティズムとは、実用主義とも訳されるように、実践の思想である。ただウェストは、従来のプラグマティズムでは不十分だと感じているのである。だからこそ預言的という形容詞を冠して、新たな思想を提起したのだ。

ちなみに預言的というのは、自らの時代の悪に対して、預言者たちがユダヤ教やキリスト教の伝統における切迫感と共感に満ちた批判を投げかけたことに由来している。だからといって宗教とは直接の関係はないものの、共存可能なものだという。(8)

この実践のための思想、行動のための思想ともいうべき預言的プラグマティズムを掲げて、ウェストは実際に行動に出るのだ。

では、ウェスト自身はなぜ行動するのか？　そのヒントは『民主主義の問題』の執筆動機にある。当時のアメリカはブッシュ政権がネオコン的な政策を世界的に展開していた時期である。その政策に対して、ウェストは怒りを覚えていたのだ。だから自由市場原理主義、攻撃的軍事姿勢、権威主義から民主主義を守る必要があるとして、この本をものしたという。

つまり、怒りを行動で表す必要があったからだ。ウェストにとって、民主主義とは怒りであり、それを行動で表すことこそが正しい営みなのである。だから彼は、「民主主義とは行為を表す動詞」であるとか、「集団による運動」であるという表現を使っている。

もちろんウェストは民主主義について論じているのであって、公共性を主題に掲げているわけではない。しかし、ウェストのいう民主主義は、この定義からもわかるように、私のいう行動としての公共性にほかならない。

したがって、ウェストの行動を起こすためのエートスに関する議論は、そのまま公共性主義のための議論に大いに参考になるものと考える。具体的に見てみよう。ウェストは、民主主義のエネルギーに活力を与えている三つの重要な伝統、あるいは市民が身につけるべき道徳の三本柱として、次の三つを挙げている。①ソクラテス的な問いかけ（Socratic questioning）、②預言的な証言（prophetic witness）、③悲喜劇的な希望（tragicomic hope）がそれである。(9)

①のソクラテス的な問いかけについては、「ソクラテスのように問い続けることに献身すること、すなわち、みずからについて、権威やドグマ、偏狭さや原理主義について問うことである」という。(10) ソクラテスが哲学の父となり得たのは、その徹底した問いの姿勢にあるといっていいだろう。おかしいと思ったこと、わからないことは徹底的に問うのだ。

普段私たちは、問うことから目を背けてしまっている。なぜなら、それはパンドラの箱を開けるがごとき骨の折れる営みだからだ。問うということの対義語は答えることではない。目をつぶることなのだ。本当は問うべきなのに問わないで目をつぶる。それこそが問うことの対極にある態度なのである。

問うことはそれだけエネルギーを要することなのである。ひとたび問いはじめると、人はその問いを引き受けなければならない。なぜ、どうしてと問うことで、その問いに答えねばならない責任を負う。また、誰かに問えば、その誰かから反感を買う。人がやっていること、考えていることに疑問を投げかけるというのは、その人や事柄への否定を意味するからである。

しかし、そうした批判的精神ともいうべきものがなければ、物事は変わらない。目をつぶってしまえば、そのままで終わってしまうのだ。この世にはそのままで終わらせたい人がたくさんいる。そういう人たちに問いをなげかけた瞬間から、私たちは嫌われてしまう。ソクラテスが尊敬に値するのは、その嫌われ役をあえて買って出た点にある。命を賭けてまで。

ここでウェストは、ソクラテスへの回帰を訴えているように思えてならない。理性を持った人間は、皆ソクラテスの子孫なのであって、その理性は物事をよく理解するためだけにではなく、むしろ物事を簡単に理解してしまわないために、つまり問うことのためにこそ使わなければならないのである。

哲学の歴史だけをとってみても、ソクラテス以降は物事をよく理解するためにのみ理性が使われてきたように思えてならない。だから行動できなくなってしまったのだ。ハーバーマスはその点を批判して、コミュニケーション的理性を唱えた。近代以前の理性が、説得とひいては暴力のための道具的理性に成り下がっていると考えたからだ。理性は合意のためにこそ使わなければならないのだと。言い換えるとそれは、自ら問いを投げかけ、問われた者と共に考え、行動をする。そのためにこそ理性を使うということでもあるように思われる。

②預言的な証言については、「ユダヤ教が産み出した預言者による、すべての民族にとっての正義への献身」と表現している。[11] これは少しわかりにくいかもしれない。ウェストによると、ユダヤ教もキリスト教もイスラム教も、皆抑圧された人たちへの正義に取り組むべきことが説かれている。非人間的な不正に対する批判が、預言的なメッセージの要諦をなすのだと。ここでもまた「悪に対して無関心でいることの悪」が糾弾されている。

正義や悪というと、必ずといっていいほど基準を問われる。何が正義で、何が悪なのかは相対的な問題だからだ。しかし、少なくとも正義のため、悪を避けるためというベクトルを示すことが求められる。そうでないと、行動に出ることはできない。行動、つまり動くためには方向を示す必要があるのだ。どちらの方向に進むか決められなければ、進むことすらできない。

それが正しい方向なのかどうかは、その次の次元で議論することになる。一番いけないのは、そこを恐れてベクトルを持とうとしないことである。だから行動のためのエートスとしては、ベクトルさえあればいいのだ。

③悲喜劇的な希望については、次のように表現している。

希望に悲喜劇的に献身することによって、内なる強さとそれを守る強い力を得ることである。悲喜劇的とは、笑って、生きる喜びの感覚を保持すること――憎しみと欺瞞を目の当たりにしているさなかにも希望を持ち続けること――で、無気力を呼ぶ絶望のニヒリズムに陥らないための対抗手段である(12)

ここではまさにアメリカの黒人が例に挙がっている。黒人が自由を求めて闘う中で、ブルースが生まれた。あのブルースに備わった「強力な感受性」、それこそがあらゆる人種に開かれた希望の叫びなのである。

ウェストは自らをブルースマンと称することがある。悲劇のような現実の中で、明るく喜劇のような人生を演じることのできる人間だけが、行動に出ることができる。そんな人間こそがブルースマンであり、私たちは皆ブルースマンにならなければならないのだ。

ブルースは音楽だ。孤独や悲しみを魂の叫びとして歌い上げる独特の力を持った音楽。ブルースに対する人のイメージは様々だろうが、それが虐げられた黒人の叫びに出自を持つ以上、やはりそこにエネルギーがあるのは間違いない。行動にはエネルギーが不可欠なのだ。ウェストがブルースと行動を結びつけるのはよくわかる。

結局、人間が行動に出るためには、おかしいと問い、それを勇気をもって批判し、正しい方向に向かって叫ぶことが求められるといっていいだろう。ウェストはそのことをパレーシアとパイデイアという二つの古代ギリシアの哲学用語を使ってパラフレーズしている。

民主主義的なパレーシア――エリートの情報操作や虚言癖に反対を唱えようとする大胆で勇気ある言論――なくして、民主主義的なパイデイア――能動的な市民の批判的能力の涵養――はありえない。いわゆる言論の自由が、民主的なエネルギーを鼓舞する自主性や勇気を欠くとき、民主主義の問題は危機にさらされる(13)。

つまり、危険をも顧みず真理を語るパレーシアと、批判的能力を養う教育たるパイデイアが、行動へといざなう鍵となるのだ。こうした古代ギリシアの用語を用いて語るとき、ウェストの頭の中に熱心に若者に語りかけるソクラテスの姿があったことは間違いない。そして今私の中でウェストとソクラテスが重なっていく。さらに私たちは、そこに自分たち自身の姿を重ねていかなければならないのだ。

正しい行動のための条件

以上のウェストの議論を受けて、公共性主義を実践するうえで求められる行動をどう引き起こすべきか、そのための条件について考察してみたい。

私が掲げるのは、次の三つの条件、①批判的精神、②倫理観、③感受性である。これらはウェストの行動のエートスを参考にして、私なりにそのエッセンスを再構成したものだといってよい。まず、①の批判的精神は、行動に出る契機となるものである。

わざわざ行動に出るからには、それなりの問題意識がなくてはならない。問題意識のない人間は、何があっても知らんぷりを決め込む。中にはややこしいことに巻き込まれたくないという事なかれ主義の人もいる。巻き込まれると、闘うことを余儀なくされる。そんな事態に陥ることを避けようとしているのだ。

ただ、それでも問題が大きくて、自分や家族などに危害が及ぶようなら知らんぷりをするわけにはいかないだろう。そのときはじめて、人は問題意識を持つのである。よく地域の問題にかかわりはじめた人に話を聞くと、子どものためになんとかしなければならないと思ったなどという答えが返ってくる。つまり、自分には影響がないと思って地域とはかかわらなかったけれども、子どもがそこで生きるとなるとかかわらざるを得ないということである。

こうした問題意識は、批判的精神として言い換えることができるだろう。はたしてこのままでいいのだろうか、なんとかしないといけない。そういう思いが私たちを行動へと駆り立てるのである。だから批判的精神は行動への契機になるのだ。

とはいえ、ウェストのいうようなソクラテス的態度は、普通の生活を送る私たちにはハードルが高い。よく知られているように、ソクラテスは容赦ない問いかけ、批判によって、人の恨みを買って死刑に処されてしまった。

私が主張する批判的精神はそこまで無理を求めるようなものではない。誰もが実践できる態度こそが求められるべきだと考えるからだ。そうでないと、広がらない。たとえばそれは、ドイツの哲学者ヘーゲルのいうアンチテーゼのようなものなのだ。

ヘーゲルは弁証法の概念で知られる。物事は、それと反対の契機であるアンチテーゼを投げかけることではじめて、止揚を可能にし、発展していくとする論理のことだ。アンチテーゼは自然に投げかけられることもあれば、意識的に投げかけることもできるだろう。

もしアンチテーゼを投げかけることで、物事が発展するのなら、積極的に投げかければいい。それが私の基本的考えである。その意味で、ここでいう批判的精神は、決して攻撃でも破壊でもなく、極めて創造的な営為であるといってよい。

物事が流れ作業のように進んでいく中で、「ちょっと待ってください」と声を発する勇気。私のいう批判的精神とはそれだけのことである。でも、たったその一言を発することができる社会とできない社会とでは、生き方がまったく変わってくるのである。ウェストの指摘するパレーシアが求められるのだ。

批判は決して攻撃ではない。否定でさえもない。それはあくまで吟味の機会なのだ。哲学でいう批判は、批判哲学で有名なカントはもとより、そもそもソクラテスにとっても吟味を意味していたにすぎない。だから批判が他者に対して向けられるとき、それはその他者のためのものでもあるのだ。他者を批判するとき、私たちはその他者が自らの考えや行動の正しさを吟味するための手助けをしているのだ。

次に②の倫理観について説明したい。これは行動にとっては、そのベクトルを定めたり、歯止めをかけたりするために必要な要素となる。ウェストの場合、何が悪なのかという形で問われていた。しかし、予め善悪の基準を持つというのもまたハードルが高いといえる。

大事なことは、行き過ぎないことである。そもそも倫理学の基礎を築いたといってもいい古代ギリシアのアリストテレスが『ニコマコス倫理学』で説いたのは、中庸である。彼は明確にこういっている。「悪には超過と不足とが属するに反して、徳には中庸のみが属するのである」[14]。つまり、倫理とは行き過ぎないようにすることにほかならない。いや、アリストテレスの言葉をもう少し正確にとらえるなら、行き過ぎだけでなく、不足してもいけないということになる。

たとえば勇気というのは一つの倫理である。しかもアリストテレスにいわせると、これこそが中庸である。しかし、もし勇気が行き過ぎたらどうなるか？　それは無謀になる。そして当然のことながら、無謀な行動は失敗を招く。逆に不足とは何か？　この場合は臆病がそれに当たるという。無謀なのも失敗を招くが、臆病だとそもそも行動に出ることすらできない。

この例を見てもらえば明らかだと思うが、中庸こそがベクトルであり、歯止めなのだ。視覚的にイメージするなら、ホースで水をやるシーンを思い起こせばいい。ホースが効果的に植物に水を届けることができるのは、水をやる方向をピンポイントで定めることができ、かつあの細い管が効率よく一定の箇所に水を集めるからである。

だから強い勢いで、水を飛ばすことができるのだ。私のいう行動もそれに似ている。行動を効果あるものにするには、そうした工夫、つまりここでいうベクトルと歯止めという名の倫理が必要なのだ。

行動というのは、ある意味で衝動であるから、場合によっては行き過ぎることもあり得る。

したがって、そこを制御しないことには単なる暴走と化し、正しい行動とはいえなくなってしまうのだ。個人的な行動もそうだが、単に熱くなって何かをしたというときには、ほぼ間違いなく後悔する結果を生んでしまう。

集団的な行動についても、たとえば暴力をともなう革命は、よほどのことがない限り失敗に終わる。成功を収めたわずかな例は歴史の教科書に載っているようなものに限られる。それらでさえ毀誉褒貶相半ばするわけであるが。だからまずきちんと方向性を定めて行動に出る必要がある。さらに、どこまでやっていいのか、倫理観に基づいて歯止めをかけておかねばならない。予めそれをすることができない場合には、途中で行き過ぎに気づくことが求められる。

残念なことに、人間には予め倫理は備わっていない。倫理は本能ではないのだ。それは倫理という言葉を見ればわかるだろう。倫理とはethicsの訳だが、この語は古代ギリシアのエートスという言葉に由来する[15]。つまり、風俗習慣という意味である。倫理とは、共同体の中で時間をかけて育まれていくものなのだ。だから共同体ごとに異なる倫理が存在することになる。人は、その倫理を後から学んで身につけて行くしかないのだ。衝動としての行動とは対極的なものであることがわかっていただけるだろう。

③の感受性については、行動のエネルギーと表現することができる。当たり前のことだが、

行動にはエネルギーがいる。ウェストのブルースのところでも述べた通りである。口だけでいっている分にはさほどエネルギーはいらない。だから皆口ではいうのだ。ただ批判するだけ。そんなに楽なことはない。

しかし、実際に何かをするとなると、途端にものすごいエネルギーを要する。だからそれをやれるだけの熱さがないとだめなのだ。純粋さといってもいいかもしれない。それがあってはじめて、思いは行動へと結実する。比較的純粋で、感受性の高い若い人のほうが行動に出やすいのもそうした理由からだ。冷静さは必要だが、冷めていてはいけない。人を動かすには熱が必要なのだ。感受性や情熱については後で詳しく論じたい。

以上のような三つの条件がそろったとき、人はようやく行動に出ることができるのだ。ウェストのいう行動のためのエートスはやや高尚であるが、それを敷衍した私の掲げる三条件は、誰でも持ち得るものだといっていいだろう。

たとえば、暴君が人権を蹂躙しているとしよう。それを知れば、多くの人は「なんてひどいことをするんだ」と怒りを抱くに違いない。そして、その暴君を権力の座から引きずり降ろそうとするだろう。ただし、その際、どんな手段を使ってもいいとは思わないはずだ。犠牲者が出てもいけないだろう。そういう倫理観を働かせつつ、最適の手段を講じる。そのうえで、口だけでなく、本当にやろうと思える人が立ち上がるのだ。

行動はこのようにして実現する。しかし問題は、それでもその行動が正しいかどうかは、さらなるテストにさらされなければならないという点である。なぜなら、批判的精神や倫理観といっても、それは主観的なものにすぎないからである。要は行動が正当化されるためのプロセスについて吟味する必要があるのだ。

□注

（1）刑法第230条「名誉棄損罪」及び刑法第204条「傷害罪」参照。

（2）モーリス・メルロ＝ポンティ『知覚の現象学 I』竹内芳郎、小木貞孝訳、みすず書房、一九六七年、一四八―一四九頁。

（3）Cornel West, *Race Matters*, Beacon Press, 2001.（コーネル・ウェスト『人種の問題 アメリカ民主主義の危機と再生』山下慶親訳、新教出版社、二〇〇八年）

（4）Cornel West, *Democracy Matters: Winning the Fight Against Imperialism*, Penguin Press, 2004.（コーネル・ウェスト『民主主義の問題 帝国主義との闘いに勝つこと』越智博美、松井優子、三浦玲一訳、法政大学出版局、二〇一四年）

（5）コーネル・ウェスト『哲学を回避するアメリカ知識人 プラグマティズムの系譜』村山淳彦・堀智弘・権田建二訳、未來社、二〇一四年、四七二頁。

（6）ウェスト『哲学を回避するアメリカ知識人』、五〇五頁。
（7）同書、五一一頁。
（8）同書、五一二―五一三頁。
（9）West, *Race Matters*, p.21.（ウェスト『民主主義の問題』、二五頁）
（10）*Ibid.*, p.16.（同書、一九頁）
（11）*Ibid.*, p.16.（同書、一九頁）
（12）*Ibid.*, p.16.（同書、一九頁）
（13）*Ibid.*, p.39.（同書、四四頁）
（14）アリストテレス『ニコマコス倫理学』（上）、高田三郎訳、岩波書店、一九七一年、九〇頁。
（15）廣松渉他編『岩波哲学・思想事典』岩波書店、一九九八年、一五九頁。

第4章　行動を正当化する五つのステップ

感情的なものとは何か？

行動を重視する公共性主義は、三段階の公共性によって成り立っていた。そのうちの二段階目まで、つまり理由の公共性及び手続の公共性については、どちらかというと理性による正当化が目指されていた。公的なものであるとする妥当な理由が求められたり、公的なものとして認めるに足るだけの理屈の通った手続きを経ている必要があったのである。

ところが、行動の公共性においては、むしろ「感情的なもの」による正当化を重視することになる。前章の終わりのほうでも、衝動とか感受性、情熱というキーワードが出ていたと思う。いわば行動を正当化するためのプロセスの各々の段階においては、感情的なものが大きく作用しているのである。そこで、どのようなプロセスを経て最終的に行動が正当化されるのか考える前に、まず感情について考察を加えておきたい。

私が「感情的なもの」というふうに、あえて漠然とした表現を用いるのには意味がある。感情にはいくつかの段階、あるいは要素が含まれるからだ。それらすべてが行動に影響を与える。つまり、感情、感性、感受性、情熱といった概念である。各々どういった違いがあるのか概観したうえで、その相互の関係性を考察する。
まず感情から。感情も様々な定義が可能だ。しかし、ここで私がいいたいことに一番合致しているのは、清水真木が『感情とは何か』で書いている次の定義である。

感情の経験が共通感覚に依存するものであるかぎり、感情は、意見を異にする者たちのあいだのオープンな討議と合意形成の場としての公的領域を形成し維持する意欲、「公共性への意志」と呼ぶことのできるような意欲を基礎とするものであること。(1)

これはアーレントによるカント『判断力批判』解釈から見出せる感情の理解である。その中で感情は「公共性への意志」と表現されている。この視点は意外かもしれないが、よく考えてみれば私たちが感情をあらわにするのは、皆に訴えたいからではないだろうか。皆でわかち合おう、皆わかってほしい、そういう気持ちが感情の根底にあるのは納得できる。
そもそもカントが美について論じたのは、まさにこの感覚の共有可能性についてであった。つまり、美の感覚は主観的なものだが、それでもなぜか私たちは皆同じ美的感覚を持っていると思ってしまう。それは普遍妥当要求と呼ばれるものである。カントにいわせると、人間が美を感じるメカニズムは同じはずなので、その点では誰もが同じものを見れば、同じように美を感じていると思うのも仕方ないわけである。実際には、個人的な経験などが原因で、何を美と感じるかは異なってくるのだが、少なくともあの人も同じように感じているに違いないと勘違いする。そのこと自体は認めましょうというわけである。

そうして誰もが同じ感覚を持てる可能性があることが判明すれば、そこからもっと敷衍して何が正しいか、道徳のようなものについても同じ感覚が持てるのではないかといった指摘はこれまでも結構なされている(2)。

先述の真木は、それを公共性への意志といった概念にまで拡大した点に意義があると考える。少なくとも、公共性主義の原動力となっている感情は、そうした皆にわかってもらいたいという、公共性を目指す気持ちだといっていいだろう。音楽だってアートだって、人々に向けてそれを発信するとき、皆で分かち合い、一つの公共圏をつくり上げるような感覚を覚えているのではないだろうか。コンサートやライブのあの一体感、刺激的なアート作品の前に立ちすくむ人の群れ、そこには明らかに一時的な公共圏が構築されているといっていいだろう。

では、感性とは何か？　これについては、佐々木健一の「感性とは何か」における定義が私の理解に近い。つまり、「感性とは、刺戟に応答する身体化された記憶の活性である」というものだ(3)。

詩的な表現ではあるが、これもまさに感覚的には理解できる定義であるように思われる。何かを感じるというのは、思い出すということなのだ。過去に経験しているから、感じることができるのだ。虫の音を聴いて「秋が来た」と感じるように。そして嬉しいとか、悲しいとかいった感情を抱くのである。

しばしば指摘されるように、もし日本人が感性に優れているとするならば、それは日本人には記憶すべき豊富な経験があるということを意味する。たしかに二十四節気だとか七十二候ともいわれる季節の区分、つまりは変化があり、そうした変化の中で様々な体験をする国民である以上、記憶は決して平たんなものではなく、起伏に富んだものにならざるを得ない。

あの季節、あの時期はあんな気候で、あんな経験をしたということが、事細かに記憶されているのである。グラデーションのように季節の変化があるからこそ、その時々の思い出を肌感覚で身体に、そして記憶に刻み込むことが可能になるのだ。

何も変化がなければ、その中で物事を記憶するのは困難である。和辻哲郎の『風土』ではないが、日本人はこの独特の気候のおかげで、独特の感性を身につけることができたのである。その意味で、和辻が風土と性格の相関性に着目したことは高く評価できるが、日本人が単にモンスーンアジアの気候の特色によって忍従的になったというだけでなく、この気候のグラデーションによって感性が鋭くなった点を指摘し得なかった点において不足な点が残るといわざるを得ない(4)。

次に感受性に移ろう。佐々木によると、感受性は感性のうちの特別なものということになる。少し長くなるが大事なキーワードなので引用したいと思う。

いかなるかたちの感性も、実存の次元への反響を含んでいる。実存に触れる感性の最たるものが、感受性である―中略―この意味での感受性の特徴は、それが「反応」であり、能動的な面が注目されていることである。青を青として感ずることは、鑑賞することである。しかし、他人の不幸に同情することは、単なる鑑賞ではない。同情の気持ちを覚えることは、既に能動的な反応であり、更に進んで行動へと向かう力を秘めている。行動を視野に収めての「反応」なのである(5)。

つまり、記憶としての感性の中に、能動的に外部に反応して行動を準備する感受性が備わっているのである。その意味で、感受性とは感性の外皮のような、人間にとって非常に敏感な部分にほかならない。感受性が強いとか、感受性が豊かだという表現があるが、それはとても繊細な人を形容する言葉であるといえる。たとえばアーティストのような。

もちろん誉め言葉でもある。物事のわずかな変化に鋭敏に反応し、それを感じ取ることのできるような人のことを、私たちは称賛の念を込めて感受性が強いと表現するのである。今、アーティストといったが、感受性はアーティストにとって不可欠の資質でもある。しかし、誰もがある程度はそうした資質を持ち備えているのであって、だからこそ誰もが感受性を発揮して、外部に働きかけることができるのである。

そしてその外側に公共性の意志としての感情がある。ここから行動を正当化するステップの一つである情熱が生まれる。ここでいう情熱は、ヘーゲルのいう世界史的個人を突き動かすエネルギーのようなものである。ヘーゲルは情熱（Leidenschaft）についていて次のようにいっている。

ゆえに、世界史的個人は、その普遍的なものを〔その行為の〕所行としてもたらし、新たな世界関係を産み出すのであるが、それは差し当たって単純に、彼自身の目的、彼自身の規定態、彼自身の情熱であるにすぎないように見えるわけである。(6)

ヘーゲルは、ナポレオンのような英雄が、強い情熱を持って世界を動かすことで、世界史は展開していったと考えている。おそらくそれは正しいのだろう。今の国際政治を見れば明らかだと思う。異常なまでの情熱を持った支配者が出てきて、権力を握る。そして世界のルールや秩序を大きく変えようとするのだ。それがいいときも悪いときもあるが、いずれにしてもそのせいで歴史が変わる。歴史の教科書に書かれているのは、そうした情熱を持った権力者がやったことばかりである。失敗も含めて。

世界は常に情熱によって展開しているといってもいいだろう。政治家だけではない。ビジネスの世界でもそうだし、学問の世界でもそうだ。情熱なき偉大な経営者などいない。情熱なきノーベル賞受賞者など想像もできない。哲学者もそうなのかもしれない。一見理性的で冷静に見えるが、情熱的に主張を訴えてきた人たちはたくさんいるのだから。ヘーゲルはもちろんそうだし、私自身もそうありたいと思っている。

以上のように各々の概念をとらえるとき、次のような図式で相互の関係性を位置づけることができるだろう。すなわち、まず共同体に生きる人間には、公共性の意志としての感情が備わっていて、その中に感性という刺激への応答をつかさどる部分が存在する。その最たるものとして、行動を引き起こす契機となるのが感受性である。

感性の中でも一番敏感な部分、一番表面に露出している部分であるといってよい。その感受性が高ければ高いほど、衝動が起きやすく、その結果情熱が生じることになる。そうして情熱が生じることで、行動が引き起こされるのである。

こうした感情のメカニズムを見ると、日ごろ私たちが習慣と呼びならわしているものがいかに対極にあるかがわかるだろう。習慣（Gewohnheit）とは日常や順応、あえていうなら無関心の言い換えにほかならないのだ。

反対に情熱は、非日常であり、反抗でもある。そして何より物事への関心の高さの表れなのだ。関心がなければ情熱は生じない。そして行動も起こりようがないのである。だから私たちは習慣から抜け出す必要があるのだ。これでいいと思っていること、これがいいと思っていることから抜け出す、その勇気と努力が求められる。

もっとも、このように感情的なものを重視すると、どうしてもポピュリズムとの違いが問われてくる。たしかに感情を重視するとポピュリズムに陥ってしまうとの懸念はぬぐいきれないが、しかしカリスマ的なリーダーに白紙委任するのではなく、常に自ら行動し続けることでその危険性は予防することが可能であると考える。感情がポピュリズムの問題なのではなく、言論の多元性を失ってしまうことこそが問題なのだから。

いや、仮に感情に副作用があるとしても、それがなくなってしまうことによって生じる問題のほうが大きいといえるだろう。例えば社会学者の岡原正幸は、「感情公共性」という概念を用いて、感情の意義とそれが抑圧されてしまうことの社会的損失について論じている。(7)

岡原によると、現代の資本主義は感情資本主義とも呼ぶべきもので、感情を資本として成り立っているというのである。たとえば、大量生産大量消費の時代には、消費者に欲しいと思わせることが大事になってくる。あるいは、感情をコントロールして皆に合わせることのできる能力は、貨幣的な資本と同じように感情資本として重宝される。

ただ、逆にいうと、そうして資本主義に飼いならされてしまった感情は、憤りを覚え、「何かしなければ！」というアクションにつながるほどの力を持ち得ない。それはニュースや映画を観たとき、その瞬間だけ憤るお手軽な感情にすぎないのだ。

それでは公共性主義の原動力にはなりようもない。そこで岡原は、そんな感情資本主義を脱するために、感情公共性という概念を提起したわけである。従来の感情共同体は、単に同調する感情しか受け付けず、それ以外の感情はそれを抱く人と共に排除してしまうようなものであった。これに対して感情公共性は、単なる感情の吐露でもなく、といって合理的な討議でもなく、互いに生の全体を掬い取ろうとするという。それぞれの感情経験が異なることを認めたうえで、皆に共通する問題を話し合って解決していくあり方なのだ。

たしかに人は、感情をあらわにする生き物である。そしてそうした感情を共有することではじめて、集団で行動を起こすきっかけを持つことができるのではないだろうか。感情を飼いならされた社会は、ある意味で去勢された社会であり、人々が怒りや悲しみを持つことは許されていない。少なくともそうした感情が社会を変えるほどに持続することはないからである。

とするならば、公共性主義のために必要なのは、本来人間が持つ感情を守り続けることである。誰から？　もちろんそれは、人々の感情を飼いならすことで得をしている資本主義や権力からだろう。大人しくしているのが正しく、それこそ大人の振る舞いであるかのように喧伝する道徳を疑い、レジスタンスのように抵抗を示すこと。感情どころか、叫ぶための声さえも失ってしまわないうちに、私たちは立ち上がる必要があるのだ。

五つのステップ

では、感情によって駆り立てられる行動、そしてその行動を正当化するためのプロセスとはいったいどういうものだろうか。ここで私は具体的に五つのステップを提示している。ステップというと、なんとも機械的な響きがし、人間の行動にはふさわしくないように聞こえるかもしれない。しかし、例えば怒りを原因として人が行動に出るとき、やはりそこには段階があるのであって、むしろ機械におけるステップこそ、人間を模したものであることを忘れてはいけない。

人間の感情は徐々に形成される。その仕組みを解明することは、公共性主義という行動をともなう思想の解明にとっては不可欠の作業なのである。つまりこれは、公共性としての行動が生じ、その行動が正当化されるための条件でもある。①危機感、②共鳴、③情熱、④かかわり、⑤信頼の五つがそれである。これは必ずしもどれか一つが欠けると成立しないというわけではないが、基本的には論理的にこのすべての段階を踏んでいるはずだということである。程度の問題はあるだろうが。

①危機感とは、現状に危機を覚える感受性のことである。行動が生じるためには、現状に対してなんらかの問題意識を持つ必要があるのだ。そうでないと、問題は見過ごされてしまう。主題化されないのだ。

だから敏感になる必要がある。強力な感受性が求められるのである。若者ほど行動に出やすいのは、感受性が高いからだろう。芸術家もそうだ。アートが革命や政治に結びつくのは、その感受性の高さゆえである。

総じて日本人が行動に出ない傾向にあるのは、まずこの入り口の危機感の部分が非常に弱いからである。長きにわたって御上に守られてきた国民性ゆえに、どうしても、自分たちがなんとかしなければどうにもならないという意識を持てないのだ。農民一揆でさえ、御上に訴えを起こすという発想であって、支配者の首をとって自分たちが世の中を支配するという発想はなかった。常に寄りかかる支柱がすでに存在しているのだ。

戦国武将にはそうしたメンタリティがあったのではないかという反論もあろうが、彼らとて天皇には手を出さなかった。明治維新を起こした志士たちもそうだ。だから維新であり大政奉還だったのだ。この国に革命が起きたことは一度もない。

このメンタリティは、有史以来ＤＮＡのように受け継がれてきたのだ。そしてもちろん、今なおそうした体制下におかれているため、実際に危機感を抱くことができない。つまり、今も天皇制という精神的支柱と、自民党という政治的支柱が人々の前にそびえたっており、そこに寄りかかってさえいれば安心という意識的無意識的な安心感が充満しているのである。そこに危機感の割り込む余地はない。

だからこそ、努めて危機感を抱くよう敏感にならねばならない。そのためには教育が一番なのだが、教育は国家が主導するものなので、自らの存在意義を揺るがすようなことをするわけがない。日本の政治教育があまりにも手薄なのは、その証左である。かといって国民にはその意識がないのだから、国家を突き上げることも期待できない。

かつて私は『脱永続敗戦論　民主主義を知らない国の未来』という本の中で、同様の問題を指摘し、その解決策として、政治参加を促すための「開かれたコミュニタリアニズム」、そして専門知と素人知を融合するための「理に適ったプラグマティズム」を提案した(8)。

しかし、相変わらず変わらない国民の態度、それとは裏腹にポピュリズムの台頭など大きく変化する世の中の動きを見て、もう一歩踏み込んだ提言を行う必要性を感じた次第である。だから公共性主義を唱えるに至ったのだ。

その実践のためにも、まずは啓蒙家が危機感を持つことの必要性を訴えるよりほかない。ソクラテスはその意味での最初の啓蒙家であった。あえて異論を唱える。それは啓蒙家の使命だろう。本書の意義はそこにある。したがって、この本を世に問うこと自体が、公共性主義のステップを実践していることになるのである。むろん、危機感を抱いて声を上げはじめた人は、皆啓蒙家であることはいうまでもない。すでに脱原発の声を上げている人、安保反対の声を上げている人、憲法改悪反対の声を上げている人たちのように。

②共鳴とは、問題意識を分かち合うことである。行動を個人的なものから公共的なものにするためには、問題意識を持つ個人同士が互いに共鳴し合う必要がある。誰か一人が「おかしい」と叫んでも、誰も反応しなければそれは奇行として葬られてしまう。ところが二人目が追随し、三人目が追随すれば、それはムーブメントとなるのだ。

それを実証するかのような映像がYou Tubeで話題になったことがある。非常にシンプルな実験だ。ある一人の男が変な踊りをはじめた。そこに二人目、三人目が加わると、あとは一気に大勢が加わり、一気に集団的行為へと変貌するのだ[9]。

これはインターネット上での話題の拡散を見れば明らかだ。誰かが共鳴すると、わっと広がる。そのネガティブな例がいわゆる炎上にほかならない。人間はよくも悪くも集団の生き物だ。一人でできないことも、複数の人間とならやれてしまう。だから昔から仲間を募ってきたのだ。

先ほどの例は人間心理に目を向けてもらうために挙げたものだが、もっと意識的に仲間を募ってムーブメントを広げた例としては、アイスバケツチャレンジを思い出してもらえばいいだろう。ＡＬＳ（筋萎縮性側索硬化症）の研究を支援するために、バケツに入った氷水を頭からかぶるか、あるいはアメリカＡＬＳ協会に寄付をするか選ばせるという運動である。(10)

２０１４年にアメリカではじまったのだが、YouTubeやＳＮＳを通して世界中に広がり、著名人も参加するなど瞬く間にムーブメントを形成した。氷水をかぶるなどというおかしな行為が、素晴らしいこととして広がったのは、やはり仲間を募ることに成功したからだといえる。

このように大きなこと、無理そうなことを成し遂げるには、まず仲間を募ることからはじまる。日本に限らず、冒険譚は必ずといっていいほどそういうプロットに貫かれている。桃太郎や孫悟空の物語を想起してもらえばいいだろう。最近の冒険譚もそうだ。今や世界的な人気を誇る漫画「ワンピース」のように。

こうした物語において、共同行為を可能にしているのは、思いの共有である。共同行為の主体のそれぞれが、同じ思いを持つことではじめて、冒険は可能になるのだ。それは共同行為の条件といってもいいだろう。マイケル・ブラットマンはそれを「共有された意図」（shared intention）と呼び、共同行為におけるある種の相互依存性を指摘している。(11)

つまり、私たちは相互依存の関係のもとにその行為を行っているのだという共通の意図が、別々の主体が行う行為を共同のものにするのである。そうでないと、たまたま同時に同じ行為をしている人たちの間に共同行為を認めるというようなおかしなことにもなりかねない。したがって私のいう共鳴も、そうした意図の共有を前提にしている。

逆にいうと、意図の共有がうまく図られないと、共同行為はただの暴動と化す。共鳴はコントロールが難しい。なぜなら、共の字が示しているように、それは上からの統率ではなく、横の統率で成立するものだからだ。最初誰がはじめたかはもうどうでもよくなる。一羽の鳥がさえずれば、多くの鳥たちが共鳴する。その数をコントロールできる鳥はいない。人間も同じなのだ。どこまで共鳴するかはその場の空気次第なのだ。

選挙なら空気ではなく風という表現を使うかもしれない。いずれにしても、どこまで広がるかは人間にはあずかり知らないという意味である。それは量的な広がりの話だけでなく、質的というか深さにも当てはまる話だ。つまり、いくら多くの人が「そうだそうだ」といっても、総論賛成で各論反対とか、口ではいうけれども行動にまでは出ないということもあり得るからだ。共鳴だけではすぐに行動につながるとは限らないというわけである。そこで求められるのが情熱だ。

③情熱とは、共鳴を行動に昇華させるエネルギーのようなものだといっていいだろう。すでに感情の説明の中で論じたように、行動には情熱が不可欠である。実際、共鳴はしても、口だけで終わることがほとんどである。そこで実際に行動に出ることができるかどうか。そ

の試金石といってもいいのが情熱の有無なのだ。

本気度とか、やる気の有無といわれるが、それらは皆情熱の問題なのだ。いうまでもなく情熱とは感情であって、私のいう感情的なものの核となるのがこの概念である。感情の中でも情熱が一番理性の対極にある要素だといっていいだろう。

そうして情熱が湧けば、もう黙ってはいられなくなる。居ても立っても居られなくなるのだ。その結果、自分自身がかかわることになる。

④かかわりとは、自分自身がなんらかの行動に出るということである。正確にいうと、自分自身も何か役割を担うということである。公共哲学とはそもそも「私」が社会にいかにかかわるかを本質的に探究する営みであった。

したがって、「私」がかかわらないことにははじまらないのだ。傍観者を決め込むこと、応援はしても自らは行動に出ない、そうした態度は公共性主義に反する。中には、行動が行き過ぎてとばっちりを食らうのを恐れる人もいるのだろう。全共闘運動から日本人が学んだ教訓は、おとなしくしていたほうが得だということだ。

日本人は周囲の人に合わせようとする習性がある。それは美徳でもあり、悪徳でもある。協調性という意味では美徳であることは間違いない。しかし、行動を起こすべきときには途端にそれが悪徳になる。皆がやらない限りやらないというのでは、誰もはじめないだろう。

少数者がやっていてもだめだ。日本人は皆がやるまで動こうとしない。

自分がやるのは損だとさえ思っている節がある。どうしても仕方ないなら、間接的にかかわるだけで許してもらおうとする。はたしてそれを「かかわり」と呼んでいいのかどうか。かかわりとは、自分が主になることにほかならない。主役でないといけないという意味ではない。演劇でも、わき役だからといってかかわっていないとはいえないだろう。

ただ、舞台の前で腕を組んで見ているだけの人は、かかわっていない。舞台に上がる必要があるのだ。それは恐ろしいことかもしれない。目立つし、批評されるし、狙われることさえあるかもしれない。にもかかわらず、あえてかかわるという態度、それはパブリック・コミットメントとも呼ぶべき、崇高な態度であるといえる。

かつてノーベル賞経済学者のアマルティア・センは、この意味でコミットメントという用語を用いた。センは、人の選好にはその個人の利害関心を反映させる主観的選好だけでなく、自分の利害関心を離れた社会的選好も含まれるという前提に立つ。そのうえで、社会関係における個々人は、窮地にある他者に対して想像上の境遇の交換を通じて同情を抱き、自己の利害を度外視して行動する動機を持つに至るというのである。それを「コミットメント」と呼んだ[12]。

ただ、一般用語としてのコミットメントは、かかわるという意味であるから、利己的な動機によってコミットメントするということもあり得る。日常的にはむしろそうした意味でコミットメントという語を使うことが多いのではないだろうか。これに対して、私がここでいうかかわりは利己的な動機に基づくものではない点を明確にするために、あえてそれをパブリック・コミットメントと呼びたいと思う。

プライベートなことにかかわるのは当たり前であって、その意味でのコミットメントには、なんの損失もともなわない。仮に人から批評されたり、狙われることがあるとしても、自分の利益のためにとった行動であるから、納得もいくだろう。しかし、パブリックなことにかかわるというのは、それとはまったく性質が異なるのだ。

その場合、損をすることもあるだろう。いや、その確率のほうが高いかもしれない。そもそも自分の利益を目的にしてかかわるわけではないのだから。しかし、損を怖れてかかわらないのでは何も変わらない。だから行動には信じることが求められる。そこで信頼が重要な要素になってくるわけである。

⑤信頼とは、最後のステップであると同時に、未来のステップ、つまりまだ見ぬ行動の先だといっていいだろう。行動した結果、「公」が個の幸福を実現し得るという信頼が必要なのだ。そうでないと、思い切って行動することができない。行動の結果が単なる破壊では、かかわった自分も社会も不幸になってしまう。

では、どうすれば信頼を抱くことができるのか？　そのためには、他者ひいては集団が、自分や社会を害することなく、むしろ利になることをしてくれるだろうという確信を持てればいいわけである。そしてその確信は、突き詰めると、やはり人間は共同体の動物たらざるを得ないという事実に目を向けることで可能になるはずである。

したがって、共鳴し合った人たちが、そのことに気づくように呼び掛ければいいのだ。アーレントは『革命について』の中で、アメリカ革命とフランス革命を比較し、前者はいい革命で、後者は悪い革命だと断じている。それは革命の結果を見れば明らかだが、彼女が強調するのは、アメリカ革命における「相互信頼」の存在である[13]。

相互信頼ゆえに、権力の制限が可能になったのである。革命においては、その先に信頼が措定されていない限り、破壊をもたらす結果に終わってしまうのである。革命は行動の一つにすぎないが、しかし行動に信頼が必要であるという理屈は、破壊を潜在的に孕まざるを得ないあらゆる行動に当てはまるものだといっていいだろう。

さらにこの信頼こそが、前章において論じた倫理観を担保するものになっている点に注意が必要である。正しい行動のためのエートスの一つとして、私は倫理観を挙げた。それは行動を正しい方向に向けると同時に、行き過ぎを止める歯止めにもなるからだ。とりわけ単なる破壊を防ぐためには、信頼が求められる。だから行動のためのステップという意味では、信頼は行動が生じるためのステップでもあり、同時に行動を正当化するためのステップでもあるといえる。

とはいえ、未来は誰にもわからない。信頼、すなわち信じるということは、ときに理屈を超えた営みになり得る。この点について信頼論の先駆ともいっていいアネット・バイアーは、まさに理屈を超えた営みとしての信頼の意義について論じており、その議論はここで私が主張している行動のための信頼の後ろ盾となり得るものである。

バイアーは、信頼（trust）と信用（reliance）を区別し、信用が他人の特定の態度や反応に依存するものであるのに対して、信頼は善意に対する信用であると位置づける。つまり、信頼とは、善意（goodwill）なる不確実性によって特徴づけられるわけである。[14] ある意味でこれは楽観主義的態度ともいえるだろう。しかし、不確実な未来に対して我々が希望を抱くためには、どうしても楽観主義が要求されるのだ。

そこに理屈を求めるのはもはや不可能だろう。信頼とは信じることにほかならない。たとえそれがどれだけ不確実であったとしてもである。ここに感情が関係してくる。人が理屈を超えて行動を起こすとき、感情が大きな役割を果たすことになる。言い換えると、行動には感情に委ねられている側面があるのだ。

以上のように、五つのステップの至るところで、感情的なものが強く影響していることがおわかりいただけたかと思う。行動を起こすのにも、またそれを正当化するのにも感情が求められるのである。感情がなければ、どんな素晴らしいアイデアも、どんなに精緻な計画も画餅に帰する。行動に至らないからだ。感情こそが思いを具体的なカタチにするのである。

□注

（1）清水真木『感情とは何か　プラトンからアーレントまで』筑摩書房、二〇一四年、二四三頁。
（2）石川文康『カント入門』筑摩書房、一九九五年、二〇五―二〇六頁。
（3）佐々木健一『日本的感性　触覚とずらしの構造』中央公論新社、二〇一〇年、一三頁。
（4）和辻哲郎『風土　人間学的考察』岩波書店、一九七九年、一九九―二〇五頁。
（5）佐々木『日本的感性』、一四―一六頁。
（6）Hegel, G.W.F *Vorlesungen über die Philosophie der Weltgeschichte.* In: *Vorlesungen. Ausgewählte Nachschriften und Manuskripte.* Bd. 12, Brehmer Karl (Hrsg), Felix Meiner, 1996, S.68.
（7）岡原正幸「身体性と感情公共性」『談〔特集〕感情身体論』（一一四号）公益財団法

人たばこ総合研究センター［TASC］、二〇一九年、六三頁。

（8）小川仁志『脱永続敗戦論　民主主義を知らない国の未来』朝日新聞出版、二〇一五年、二一二―二二九頁。

（9）デレク・シヴァーズによるTEDトークのプレゼン「社会運動はどうやって起こすか」の中で、その映像が紹介されている。(https://www.ted.com/talks/derek_sivers_how_to_start_a_movement/transcript)

（10）詳細については、一般社団法人日本ALS協会のホームページを参照。(http://alsjapan.org/ 019/02/05/post-2159/)

（11）Michael Bratman, "Shared Agency" in *Philosophy of the Social Sciences: Philosophical Theory and Scientific Practice*, edited by Chrysostomos Mantzavinos, Cambridge University Press, 2009, p. 42.

（12）Amartya Sen, *Choice, Welfare and Measurement*, Basil Blackwell Publisher, 1982, pp. 91-94.（アマルティア・セン『合理的な愚か者　経済学＝倫理学的探究』大庭健、川本隆史訳、勁草書房、一九八九年、一三三―一三八頁）

（13）この点については、小川『脱永続敗戦論』（六九―七四頁）にて詳しく論じている。

（14）Annette Baier, "Trust and Antitrust", *Ethics 96*, 1986, pp. 231-260.

第5章　公共性主義の具体的行動のカタチ

行動が顕在化する三つの次元

①日常的行動

行動が必要であること、そしてその行動はいかにして可能になるか、またいかにして正当化されるかという話をしてきた。ここでは、これまでの議論を踏まえ、そうした行動を核とする公共性主義が、いったいいかなる形で具体的なものになり得るのか示していきたい。それは、①日常的行動、②非日常的行動、③潜在的行動の三つの次元に大別できる。つまり、行動がどのような形で顕在化しているのかに着目した整理である。

まずは①日常的行動について考察を加える。日常的行動とは、文字通り市民が日常の中で行っているものである。日常生活の中で、生きることに付随して行われている活動だといってもいいだろう。とはいえ、食事をしたり、仕事に出かけたりということがそれに当たるわけではない。

典型的なのは市民活動だろう。市民活動とは、文字通り自立した市民が社会において活動を行うことであるが、ここでは人間が日々生きる場所としてのコミュニティにおける諸活動に着目する。今、コミュニティは「コミュニティ3・0」とも呼ばれる新しい段階に入っているが、その枠組みの中でさらに何ができるかはこれからの議論にかかっている。(1)

コミュニティ3・0とは、戦後、行政主導で形成されてきた地方の時代を経て、徐々に市民が自立してきた時代を超えて、今起こりつつある第3次コミュニティブームを指すといっていい。その特徴は、コミュニティの外部からやってきた人たちが、地域ビジネスなどでユニークなまちづくりを行っている点である。

いかにもイノベーションの時代にふさわしい地域活性化のあり方を象徴しているように思われる。それがきっかけとなってもともとの住人が立ち上がるなら素晴らしいことである。もちろん対立も生じるのだろうが、それはコミュニティが開かれている証拠である。だからこそオールドカマーとニューカマーの対立があり得るのだ。そしてそれはコミュニティ自体を活性化することになる。

とはいえ、地域ビジネスがきっかけでコミュニティが活性化したからといって、それが公共性主義とどう関係があるのかと思われるかもしれない。しかし、少し考えてもらえばわかると思うのだが、何かビジネスをやるとなると、そこには様々な利害関係が生じたり、既存の枠組みを壊す必要が出てくる。とりわけ不合理な規制などが障壁となることが多い。ニューカマーはそうした障壁を壊そうとするのだ。それが行動にほかならない。

日常的行動が、私たちの日常のほとんどを占める経済活動に付随するものであることは当然だろう。それは普通の活動の延長線上にある。だから人によっては、それと知らずに公共性主義を実践している場合もあり得る。

ただ、そのことを意識することは、多くの人たちを巻き込むうえで大きな意義がある。私も最近「UP↗プロジェクト（Upgrading Publicness）」なる活動をはじめたばかりである。これは、有形無形問わず公共性の価値を高める運動で、やっていること自体は大それたものではない。

たとえば、町を歩いて、有効活用されていない公共の物をチェックし、新たな活用方法を考えたり、またそれを実践したりする程度である。いわば地域活動だ。しかし、あえてプロジェクトにしないと、なかなか人は集まらない。

それは集会も同じである。自治会の集まりは、そういう制度があるから成立するのであって、何もないのに自発的に人が集まることはないだろう。いや、そういう制度があっても人集めに苦労しているのが実態である。集まるのは高齢者ばかりというところも多い。

特に、ニューカマーが変革の力になり得ないようなコミュニティや、ニューカマーが入ってこないようなコミュニティはそうである。現実にはほとんどの地方のコミュニティがそうした状況にある。そういった場所では、市民活動も低調で、何かを変えようという機運は起こるべくもない。

そこで私たちに求められるのは、集会の意義を見直すことであるように思われる。何も問題がなくても集まることが大事なのだ。私がかかわっている例を一つ紹介しよう。あるコミュニティからの依頼で、活動を活性化するための話をしに行ったのだ。集まった人たち、正確にいうと集められた人たちの話を聞いてみると、皆一応問題意識は持っている。

このままだと地域が衰退するとか、声の大きい人が好きなようにしてしまうとか、いざというときに助け合えないなどといった意見が出た。このように、集まれば何か考え、それを言葉にして表現するのだ。これが集会の意義である。だからまずは集まる。それが無理なら集める。方法はなんでもいいのだ。楽しいことがあれば人は自然に集うだろうから、楽しいことをすればいい。

それだと目的が違うなどといわないでほしい。目的などどうでもいいのだ。集まること自体に意味がある。コミュニティの人間が集まれば、自然にコミュニティの話になる。そしてそのコミュニティがよほど完璧なものでない限りは、自ずと問題意識を共有する場になるはずである。

そうなのだ。集まれば意見が出る。ここまではアーレントのいう通りだ。彼女のいう活動(action)はこういう地域の集まりを想定しているようにも読める。そこで見知らぬ人たちが出会い、多様性の中で公共性が育まれていく。アーレントの言葉でいうと、現れと複数性の空間だ。だからまずは集まらなければならない。ところがである。先ほどの私が話をした会合で、参加者の一人がこういい放ったのだ。「いつもここで終わる」と。

集まって話すのだが、そこで終わってしまうのである。その集まった事実を行動へと昇華させるもう一歩が必要なのだ。集会とは、デモほど非日常的ではなく、それでいて日常の延長線上にある発展的日常活動にほかならない。それは公共性のメンテナンス作業だといってもいいだろう。

考えてみれば、集まるということ自体が、すでに行動でもある。行動の萌芽といったほうがいいかもしれない。萌芽がなければ花は咲かない。まずは集まること自体が重要で、最初のハードルになるのだが、そこを乗り越えるべく最善の努力をする。そのうえで、その集まりを行動の萌芽とするためには、予め位置づけをはっきりさせておけばいいのである。

これは私が実践していることでもあるのだが、最初の集まりは決して単発の講演でも、不満を持った地域住民のガス抜きでもなく、あくまでそこからはじまる行動の第一歩として位置づけるのである。そうして、最後に自ら課題を出してもらい、その課題に自ら取り組むよう仕向けることにしている。そうすれば「ここで終わる」ことはない。むしろ「ここからはじまる」のだ。

公共性に行動が求められる以上、そのメンテナンス作業もやはり行動に結びつかないと、何も変わらない。したがって、発展的日常活動としての集会は、常に次の行動につながる形でオーガナイズしなければならないわけである。この部分が、行動が不可避である非日常的行動とは異なる部分である。ここで非日常的行動について話を移そう。

②非日常的行動

非日常というからには、異常事態が想定されている。たとえば、市民生活を妨げるような大きな問題が起こったり、行政がおかしな決定をしたような場合である。そんなときにとられる抗議行動が非日常的行動の典型である。

もしかしたら、ヨーロッパでは抗議行動は市民にとって日常的なものなのかもしれない。しかし、少なくとも日本では、まだそれは非日常的なのである。中には、非日常としてさえあり得ないと感じる人もいるだろう。日本ではそれほど行動が珍しいことなのであるが。

ただ、「公」の暴走をコントロールする手段として、今日本においてデモに注目が集まっているのはたしかである。近年、脱原発のデモ、秘密保護法への反対のデモ、共謀罪設置反対へのデモ、安保法改正への反対のデモ等が盛り上がりを見せたことは記憶に新しいだろう。その共謀罪の存在によって抑止されてしまうことなく、頻繁に集会を開き効果的にデモを行うための方法を考える必要がある。

そもそも私たちがデモという非日常的な行為を行うのは、日常的な行為の中では主張できないことがあるからだ。仕事で意見をいったとしても、意味がなかったり、場としてふさわしくないといったことがあるだろう。たとえば、会社の会議で移民が排除されているなどという話をしても、どうしようもない。なぜなら、移民は会社にとって他者であり、なんの関係もないからだ。しかし同時に、排除されている移民は社会にとっての他者でもあり、社会という次元においては決して無関係ではあり得ない。だからこそデモや集会といったチャンネルが要請されるのだ。

このことについて加藤泰史は、カントによる理性の「私的使用」と「公共的使用」というよく知られた概念を用いて、次のように説明する。

したがって、「公共的使用」とは理性がそうした「他者」に対して取る態度であり、それまで見えなかった「他者」、あるいはむしろ見ようともしなかった「他者」に応答しようとする態度であり実践なのである。「公共的使用」とは、法や制度のあり方を自己批判的に問い直しそれらを「本来の公衆」である「世界」の無制限な批判に晒すことで国家権力も批判の対象とするような、ラディカルな「政治的」態度であり実践なのである。(2)

つまり、理性の私的使用の場合、その対象には他者は存在せず、既存の法や制度の根幹を揺るがすような批判はなし得ない。それに対して、理性の公共的使用の場合、対象はむしろ既存の法や制度の外部にいる他者であって、その他者を包摂しようとする態度が、イコール既存の法や制度の根幹を揺るがす行為になるというわけである。だからこそ、国家権力をも批判する力を持つのである。

しかも加藤は、そうした他者を包摂すべく理性の公共的使用が求められる基準として、カントの挙げる「嬰児殺しの母」の例を敷衍し、人間の尊厳が毀損された場合だという。これはカントによる正義の根拠として最後に持ち出されるものである。

たしかに、国家権力をも批判し、既存の法や制度を変えるような主張まで許されるのは、人間の尊厳が毀損されるような場合に限られるのであろう。そうでないと、私たちが生きる日常が極めて不安定なものになってしまう。逆に、人間の尊厳が毀損されるような場合においても、国家権力を批判することが許されないとすれば、それもまた私たちの生きる日常を極めて危ういものにしてしまうだろう。私たちは常に、国家権力によって人権を蹂躙される危険と隣り合わせで生きていかねばならなくなるのだから。

しかし問題は、カントもそしてそれを援用する加藤も、こうした理性の公共的使用を言論による批判に限定している点、及び非法状態をもたらすとして抵抗権に否定的な点である。そうすると、いくら法の外に排除された他者を包摂しようとしても、行動が制約され、目的を達せなくなってしまう可能性が出てくる。その点で公共性主義においては、厳格に要件を定めたうえでではあるが、抵抗権を行動のための不可欠の権利と位置づけることになる。

抵抗権とは、人民により信託された政府による権力の不当な行使に対して、人民が抵抗する権利のことをいう。我が国の憲法には抵抗権の規定はないものの、解釈上認められるというのが通説である[3]。

これを具体的にどう行使するかであるが、最終的にはどの段階で暴力をともなう抵抗を認めるかが問題になる。たとえば、近代において最初に抵抗権を明確化したジョン・ロックは、次のように表現している。

> 誰でも権利がないのに力を用いる者は——法がないのに社会で力を用いる者は誰でもそうなのだが——自分が力を用いる相手の人々に対して、自分を戦争状態に置くことになる。この状態では、これまでの一切の紐帯は断ち切られ、その他の一切の権利は終息し、すべての人々が自衛の権利、侵略者に抵抗する権利をもつのである[4]。

つまり、権力の側が権利がないのにもかかわらず力を用いた場合に、暴力を用いることが可能になるのである。私たちが国家の指示に従うのは、国家の側に権利があるからである。逆にいうと、私たち自身がその権利を国家に委ねているからである。それを超えた場合、もはや国家にはなんの強制力もなくなる。それはただの暴力となるのだ。だから戦争状態に陥るというわけである。

この説明は非常にわかりやすいが、やや抽象的である。もう少し規範的な説明を見てみよう。この点で、法学者のフィリップ・ソーパーが掲げる正義要求論（claim of justice）が参考になる。ソーパーは、統治者が被治者に対して自らの行いに正義を要求することができる理由を次のように説明する。

まず、統治者は自らの信念が正当化されること以上に、自らの行為がすべての構成員の利害を考慮するものであることを主張することが挙げられる。そのうえで、統治者が実際に秩序の安寧と個人が安全に生存できる環境を保障する一方で、自然状態において個人が有している権利の保護を行うことが挙げられる。さらに、被治者が統治者の誤りを批判するために必要な政治的言説を形成し表明する権利を保障することが挙げられる。(5)

つまり、統治者の行為は、構成員皆のために行うことを前提に、彼らの権利保護をはかりながら、とりわけ皆が統治者を批判できる状態を維持している限りにおいて、正義であるとみなされるのである。この最後の部分がすこぶる重要であるといえる。統治者を批判できないようにされるなら、それはもう専制のはじまりである。だから暴力をもってしても阻止しなければならないのだ。

暴力が悪であることは、戦争とテロの世紀を経験した私たちには百も承知のことだろう。しかし、悪を定義することは難しい。日本には死刑制度がある。国家の暴力である。この暴力を悪であるといえるかどうか。ある意味ではイエス、別の意味ではノーだろう。それは悪の定義次第なのだ。

悪は定義できないという人もいるが決してそんなことはない。たとえば、『神の亡霊』の中で小坂井敏晶は、神を否定する以上、社会における悪は主権概念によって決めるしかないと論じている(6)。つまり、何が正しいかと問う代わりに、誰が正しさを定めるべきかと問えばいい。そうすれば正しさや悪の定義が可能になる。

それはその秩序、社会をつくった人が定めるということである。たとえその秩序が力づくでつくられたものであったとしても、結果としてその行為は正しかったことにされる。それが歴史として制定されるのである。

では、秩序をつくった人間が定めればどんなことも許されるかというと、そうではない。悪に関しては相対主義が妥当するという主張もあるが、その場合の相対主義は、悪には幅があるということであって、何が悪かを決められないという意味ではないのだ。この点について先述の小坂井は、次のようにいっている。「悪と映る行為に我々は怒り、悲しみ、罰する。裁きの必要と相対主義はなんら矛盾しない。人間は歴史のバイアスの中でしか生きられない」と。(7)

つまり、人間は歴史とそれによって育まれてきた共同体というバイアスの中でしか生きられないのであって、その中で定まってくる悪というものがあるはずだということである。だから文化によって悪の意味は異なってくる。

現代のこの世界において定まる悪は、その意味でいうと不条理な暴力のようなものになるだろう。それは、倫理学者の大庭健が指摘する「いわれなき苦悩」を押し付けられたような場合である。(8)そうした意味で暴力が振るわれる場合、私たちはそれを悪として徹底的に排除する必要がある。そうでない限りは、悪の意味を十分に吟味しなければならない。必要悪という言葉があるように、悪は必ずしも排除されるものではないのだ。そして暴力が必要悪として認められるとき、それは条件を厳密に設定したうえで、肯定せざるを得ないのである。問題は、その条件をどう設定していくかにかかっている。もちろんそれは個々のケースで変わってくるわけであるが、その条件を論じるだけの力が私たちには求められている。しかもその力は、冷静に物事を判断することのできる平時においてこそ鍛えておかなければならないのだ。そこに潜在的行動が関係してくる。

③潜在的行動

潜在的行動としては、市民教育を挙げることができる。市民教育に関しては、シティズンシップ教育や昨今注目を浴びる哲学プラクティスに見られるように、自ら主体的に思考できる市民をいかに育んでいくかという命題がある。今後どれだけ公共性の担い手を生み出せるかは、どれだけ市民教育を充実させることができるかにかかっているといっても過言ではない。

ここで参考になるのは、幕末から明治の初頭にかけて活躍した日本の思想家、横井小楠の公共哲学である。小楠は日本における公共哲学の祖とも称される人物である。その意味で、ぜひ公共性主義の構築に際して彼の思想を参照したいと思う。まず小楠の思想の意義について考察してみよう。

小楠は、西郷隆盛や坂本龍馬といった明治維新のスターたちに比べると、たしかに知名度は落ちる。しかし、実は維新を背後から支えた行動する思想家として非常に重要な役割を果たした人物なのである。

先ほど、日本における公共哲学の祖だといったが、たとえばそれは、彼が『国是三論』（1860年）の中で、「公共の道をもって天下の政治を行えば万事うまくいって」などと表現している点からも明らかである。これはまさに公共哲学を指しているからである。[9] あるいは、日本の開国問題が浮上した際には、「夷虜応接大意」（1853年）という文書を書き、その中で「天地公共の実理」という考えを披露している。

当時はまだ攘夷論者であった小楠が、それでも諸外国との対応に際して、「有道無道を分たず」に一切拒絶するのは国際関係上の道理に反するというようなことを主張したわけである。その道理こそが天地公共の実理であって、いわばいち早くグローバルな公共性を普遍的な原理として掲げていたことになる。

こうした点をとらえて、源了圓《みなもとりょうえん》は、「『開国』と『公共』との思想的関連」という論考において、小楠の公共哲学を次のようにまとめている。

小楠の「公共の政」を現実化する際に要求されたのが、彼の「公私」の思想である。小楠の「公私」思想の特色は、公的存在としての「為政者」自身が、純粋な公的存在になりきることを徹底的に追求したところにある。為政者のこのようなあり方、生き方は、西欧社会の noblesse oblige と通ずるところがある。小楠の公私論が公的立場についてない一般の人々に「滅私奉公」を要求した近代日本の公私論とはまったく異質のものであることを銘記する必要がある[10]。

見られるように、小楠の公共哲学は従来の滅私奉公を超えて、西洋式の公私論から立論している点で画期的であるといえる。従来の滅私奉公の議論は、為政者も一般人も区別することなく、誰もが自分を押し殺して公に仕えることを訴えるだけだった。しかし、立場が異なれば、公への奉仕の仕方も自ずと異なってくる。現代社会においては、公務員は全体の奉仕者として特別な責任と義務を課されている。

小楠の議論はそこを先取りするものであって、だからこそ、この国難のさなかに為政者たちがつまらない内輪もめのようなことをしている場合ではないと断じ得たのである。より普遍的な見地から、世の中にとって必要なものを見極めることができたわけである。

藩が一つの独立国家のように機能していた時代にあって、国家どころか、それを超えて国際社会の視野で公を語った小楠は、幕末の志士たちにとっても驚嘆すべき人物に見えたに違いない。現に、勝海舟は『氷川清話』の中にこんな言葉を残している。「おれは、今までに天下で恐ろしいものを二人見た。それは、横井《よこい》小楠《しょうなん》と西郷南洲《さいごうなんしゅう》とだ」[11]。ほかにも幕末の志士たちは、こぞって小楠の思想を高く評価している。

現代の国際社会においては、たしかに西洋の政治哲学が同じような主張をしている。しかし、小楠の考えは日本思想から来ている点に着目する必要がある。小楠は儒学を熱心に吸収し、しかしその解釈にとどまることなく、新たな概念を創造していったのである。この点について、先の源了圓は、別の論考で次のように解説している。

更にここで「天地公共」という語に注目する必要がある。この語は小楠が若い時熟読した『史記』の「天下公共」にヒントを得たものであろう。彼はここで「天下公共」を「天地公共」の語に変えている。「天下公共」であれば中国一国という場所的限定がある。これを小楠は「天地公共」と注意深く変えることによって、国家という政治上の一大単位を超えて、国家も規制する力をもつ普遍的原理を発している。これは国際関係における「公共」原理として歴史に残る概念であろう[12]。

当時の中国思想は日本にとっての思想であって、そこから西洋と同じ普遍的な原理を導き出していった点、そして当時の西洋の思想をも超える斬新な発想を有していた点に、勝海舟同様私自身も正直驚嘆の念を禁じ得ない。世界を実際に見たわけでもなく、また海外の人たちと盛んに交流したわけでもない人間が、グローバルな公共性を想起するのは容易なことではない。

今の時代ですら、海外に出てみないと、世界がつながっていること、そして国際的な協調性が不可欠であることはなかなかわからない。若者に海外留学が奨励されるのはそうした理由からだ。その点でも小楠の思想がいかに斬新であったかがわかるだろう。

しかし小楠の思想は斬新なだけではない。きわめてアクチュアルでもあるのだ。それは、彼が理想主義的プラグマティズムの主唱者でもあるからだといってよい。小楠の政治思想的立場については、様々な評価があるが、それは彼自身のせいでもある。つまり、小楠は時局に応じて最適な思想を掲げようとしたのだ。それは日和見的なものとして否定的に評価される反面、逆にプラグマティックであるとして肯定的に評価されることもある。少なくとも私は後者の立場である。

たとえば、日米和親条約締結の頃、彼が攘夷論から開国論にシフトした時期の手紙には、次のようにある。「和とか戦いとかいっても結局偏した意見であって、時に応じ勢いにしたがって、そのよろしきを得るのが真の道理である」と[13]。

幕末という激動の時代においては、刻一刻事態が変化していたわけである。そんな中で何が国益になるかは、一義的に決められるものではなかった。したがって、その都度最適な状態を思考するという柔軟な態度自体が、唯一の正しい解だったのである。小楠はそういう柔軟さを持ち備えた稀有な思想家であったといっていいだろう。

私は常々公共哲学とプラグマティズムの親和性について考えてきたが、小楠の思想を見るとき、見事にそれが結びついているのを感じるに至った。つまり、皆にとっていいものを模索する公共哲学においては、正解は固定化されたものではあり得ない。したがって、決して埋もれたものを探索する作業ではあり得ないのだ。そうではなくて、模索することしかできないのである。探り探り正しさを確認していく。そういう営みなのだ。

「皆」の性質が変われば、正しさもまた探り直さなければならない。つまり、誰か一人でも新たなアクターが加われば、その新しい皆で正しさを再度模索するのである。この営みは、常に正しさを模索し、その都度の正しさを確定していくプラグマティズムの実践にほかならない。小楠がやって見せたのは、そんなプラグマティズムの実践であり、同時にそれは公共哲学の実践でもあったのである。あえて固有の呼称をつくるなら、横井小楠は、プラグマティックな公共哲学者であったといっていいだろう。

その小楠の思想の中で、もう一つ忘れてならないのは「学政一致」である。これは『学校問答書』（1852年）の中で掲げられているもので、学問と政事、つまり学問と政治を一致させるべきだとする主張である。[14] 具体的には、経世済民の志を持つ人材を育成するような学校を創立しなければならないと説くものであった。そして実際に、福井藩主の松平春嶽は、設立した藩校明道館に熊本から小楠を招いている。

福井藩が幕末にある程度のプレゼンスを発揮することができたのは、こうした小楠のアドバイスを随時取り入れていたからにほかならない。その内容について特筆すべき点をいくつか指摘しておきたい。ここで参考になるのが、日本の教育文化史に詳しい沖田行司の論考、「学政一致の思想」である。沖田は小楠の学政一致思想について、少なくとも4点重要な指摘を行っている。[15]

一つ目は、修己治人の一致という倫理の明確化である。つまり、知識や技術は闇雲に教えても仕方ないということである。そうではなくて、明確な倫理をともなったときにはじめて本来の効用を発揮するというのだ。そこで求められた倫理が修己治人にほかならない。これは儒学の基本的な思想で、自分を修養して徳を積み、世を治めていくことを意味している。

二つ目は、相互批判の保障である。学校では相互批判が許されていない限り、政治に従属してしまうということである。学問と政治を一致させるというのは、学問を政治の中に矮小化するという意味では決してないのである。むしろその逆で、政治を相互批判の許される学問の世界に近づけなければならないということだといっていいだろう。

三つ目は、誰もが参加できるという点である。ここが最も重要である。なぜなら、学問が一部の人のものであっては、市民教育にならない。小楠は早くから武士だけでなく、老若男女を問わずに学問を修めることを説いていたのである。

四つ目は、教育の近代的傾向への批判である。経世済民とはいえ、単に富国強兵、殖産興業に寄与する人材育成だけを目指していたのでは、真の国民教育はかなわないということである。これは現代の教育のトレンドにも当てはまる批判であるが、実利のみを求めていては、単なるビジネスパーソンを育てるだけで終わってしまう。私たちが目指すべきなのは、社会の担い手を育てることであって、経済の担い手を育てることではないはずだ。

このように、小楠の抱く教育は、一人ひとりの個人が社会にどうかかわっていくかを伝授する場をイメージするものであるといえる。ひいてはそれが直接的に、民主主義として機能することを意識しているといってもいいだろう。その意味で、まさに公共性主義の実践形式の一つであるといえる。

以上から、小楠の思想は、公共哲学としての意義を十分に備えたものであったことがわかる。とりわけ学政一致の思想に見られるように、それは理想の社会をつくるうえで、社会を潜在的にエンパワーメントするものであったといっていいだろう。

現代社会の教育は、現実の政治とかけ離れている。だから若者は皆政治に無関心なのだ。

これは完全に政治教育が失敗している例だといっていいだろう。そこで、小楠がいうような学政一致を実現することができれば、常に政治に関心を持った人たちを輩出することが可能になる。そしてそれこそが、公共性のための潜在的な行動だといえるのだ。

たしかに教育は準備にすぎない。それ自体が何かを変えるということはないだろう。しかし、教育を受けた人が社会を変えるのは間違いない。だから潜在的行動といえるのだ。教育が必要だという結論で終わると、またそれかといわれてしまう。しかし、それは最も正しい答えだからそうなるのだ。あえていうなら、日本がダメなのは教育がダメだからだ。政治教育もそう、公教育にかける予算もそう。日本の政治、民主主義、公共性の再生は、教育にかかっているといっても過言ではない。

18歳選挙権が導入されても、教育はほとんど変わっていない。政治とはタブーを超えて議論することでしか解決できない営みだ。小楠のいう相互批判、そうした開かれた議論こそが政治の本来の姿であるはずだ。したがって、政治教育もそこを目指さなければならない。

ただ、高校までの教育は批判的精神を養うことにおいて一定の限界があるのもたしかである。しかし問題は、大学でさえも事情は変わらないという点にある。政治教育は何も狭い意味での政治関連科目だけで行われるものではない。開かれた議論や利害の調整プロセスを学ぶのは、どの科目でも可能である。

にもかかわらず、これも小楠の指摘する通りであるが、ビジネススクールか職業専門学校と化してしまっている今の大学では、そうしたことに力を入れる余裕がないのである。今大学改革が叫ばれているが、それは決して前向きな改革ではない。経済のパイが縮小し、少子化が進み、それに追い打ちをかけるかのように大学もグローバル競争を余儀なくされているという事情から、やむを得ず改革を行おうとしているにすぎないのだ。

その場合、もちろん改革の方向性は、効率化ということになる。つまり、より学生の集まる分野、より社会的ニーズのある研究成果が出る分野に特化するということである。なるほど大学が職業訓練学校のようになったり、企業の研究所のようになってしまうわけである。

はたしてそれでいいのだろうか？　かつてイギリスの思想家J・S・ミルは、『大学教育について』という本の中で、大学教育の意義を次のように論じた。「大学の目的は、熟練した法律家、医師、または技術者を養成することではなく、有能で教養ある人間を育成することにあります」と。[16]大学は職業教育の場ではなく、教養教育の場であることを明言しているわけである。

ここでいう教養教育の意味が問題だが、つまりは人格を陶冶し、生きていくための力を身につけさせるということである。もちろんその中身は時代によって変わってくる。古典は大事だが、それだけでは生きていけないだろう。だから新しいものを学ぶことは私も大事だと思う。それが何なのか、時代の変化に合わせて議論し、導入していく。そういう改革こそが求められるのであって、単に経済の側の事情で効率化を行うだけの改革を、大学改革などといってはならないのである。それは単なる破壊にすぎない。

結果としてデータサイエンスを必須にするとか、課題解決を実践できるような教育をするとか、一見職業学校のようなカリキュラムになったとしても、その目的が効率化にあるのと、ミルのいうような教養教育の実現にあるのとでは、意味合いが大きく違ってくるように思えてならない。以上のような現代的課題に鑑みても、やはり小楠の説いた学政一致には大きな意義がある。

哲学プラクティスという新たな領域の誕生も、この学生一致の理念に合致するものといえる。２０１８年に創設されたばかりの日本哲学プラクティス学会の設立趣旨には、その意義が次のように謳われている。

哲学プラクティスとは、おもに対話という方法をもちいながら、哲学的なテーマについて共同で探究する実践的な活動をさします。市民が重要なテーマについて互いに議論し、哲学的な思索を深め合い、連携を強めていく知的営為は、古代より世界の各所において見出されてきた活動です。知の専門化と社会の分断が進んだ現代では、市民がひとりの人間として、自然や人生や社会の根本問題について他者と語り合い理解し合うことがますます求められています。近年、日本でも、主に「哲学カフェ」という形をとった市民的活動や、教育現場での「哲学対話」実践として、哲学プラクティスは大いに普及しつつあります(17)。

市民が共同で知を探究する点に哲学プラクティスの本質があることがおわかりいただけるかと思う。具体的には、ここにあるように、哲学カフェや教育現場での哲学対話を指すわけだが、そうした営みが、小楠のいう修己治人の一致や相互批判の保障といった学政一致の諸要素を備えているのはもちろんのこと、さらに哲学である点において、さらなる可能性を秘めている点に着目する必要がある。

つまり、市民のエンパワーメントにつながるこの哲学プラクティスの潮流は、それが物事を根底から問い直す哲学という営みであるがゆえに、既存の知の枠組みや学びの枠組みさえ超えて、新たな価値を産み出す可能性に溢れているのだ。本来学校とはそういう場でなければならない。

残念ながら、従来の学校は、受動的に既存の知を学ぶ場所に成り下がっていた。大学でさえそうである。しかし、不確実な世の中を形づくっていく担い手を育てるには、学校自体が変わらなければならないのだ。哲学プラクティスが学校現場に導入されるとき、ようやくその可能性は現実のものになろうとしている。

奇しくも高校では新科目「公共」が必修科目として導入される。主権者教育を強化することが目的ではあるが、具体的な中身として哲学教育も入っている。すでに倫理という科目があるので、当然ここでいう哲学は、知識を覚えるためのものではない。主権者教育の一環であるだけに、主体的思考をトレーニングする機会として位置づけられているのである。

これによって、結果的に全高校生が哲学的思考を身につけることになるのだ。時間的制約や評価の問題など、多くの課題はあるものの、方向性としては素晴らしいことである[18]。私たちがやるべきなのは、道徳教育の二の舞を踏むことなく、「公共」の授業空間を真の意味で「小型の共同社会[19]」にすることである。

つまり、本来社会で経験する道徳的問題を議論する場であるはずの道徳の授業は、暗黙の抑圧と予定調和が支配する非社会的なものになってしまった。だからこそ道徳教育には批判が多いのである[20]。残念ながら、道徳における学政一致は、政治のほうに学問を合わせる形で運用されてきたといってよい。しかし、「公共」は主権者教育としてより明確に社会での実践を意識しているのであるから、そこにタブーや予定調和があってはならない。

生徒も教師も、ゼロから考え、本音で議論する場にしなければ意味がないのだ。哲学とはまさにそういう営みであり、だからこそ社会を変える力になりうる。今や学校が社会を変える場として胎動している。決してこの胎動を止めてはいけない。学問に政治のほうを合わせる真の意味での学政一致を実現するためにも。

すでに見てきたように、学校とはいつの時代も新しい社会を担う人たちを育てる場であった。それは今も変わらない。それゆえに公共性主義にとってはまさに母なる場所だといっていいだろう。そこで次に、公共性主義を生み出す場という意味で、公共空間について考えてみたいと思う。

□注

（1）中庭光彦『コミュニティ3・0　地域バージョンアップの論理』水曜社、二〇一七年、五―七頁。

（2）加藤泰史「公共と尊厳　一つの見取り図」『思想』二〇一九年三月号、岩波書店、二一一―二一二頁。

（3）芦部信喜『憲法（第六版）』岩波書店、二〇一五年、三七五―三七六頁。

（4）ロック『市民政府論』鵜飼信成訳、岩波書店、一九六八年、一二三―一二三頁。

(5) Philop E. Soper, *A Theory of Law*, Harvard University Press, 1984, pp. 125-143.
(6) 小坂井敏晶『神の亡霊　近代という物語』東京大学出版会、二〇一八年、九二―九三頁。
(7) 小坂井『神の亡霊』、九六頁。
(8) 大庭健『善と悪　倫理学への招待』岩波書店、二〇〇六年、一七五頁。
(9) 横井小楠『国是三論』花立三郎訳注、講談社、一九八六年、二五頁。
(10) 源了圓「『開国』と『公共』との思想的関連」別冊『環』(一七号)、藤原書店、一六三頁。
(11) 勝海舟『氷川清話』江藤淳、松岡玲編、講談社、二〇〇〇年、六八頁。
(12) 源了圓「小楠の思想的特色」別冊『環』(一七号)、三八頁。
(13) 徳永洋『横井小楠　維新の青写真を描いた男』新潮社、二〇〇五年、五二頁。山崎正董編『横井小楠遺稿』日新書院、一九四二年。
(14) 日本史籍協会編『横井小楠関係資料1』東京大学出版会、一九三八年、一一八頁。
(15) 沖田行司「学政一致の思想　『学校問答書』を中心に」別冊『環』(一七号)、藤原書店、一一八―一二四頁。
(16) J・S・ミル『大学教育について』竹内一誠訳、岩波書店、二〇一一年、一二頁。
(17) 日本哲学プラクティス学会公式ホームページ (https://philopracticejapan.jp/about/)

(18) その経緯と問題点については、一ノ瀬正樹「高校新科目『公共』についての哲学的覚え書き」(『思想』二〇一九年三月号、一三九—一六四頁)が詳しく論じている。

(19) デューイは学校を民主主義を学ぶための場と位置づけ、「小型の共同社会」と呼んだ(ジョン・デューイ『学校と社会・子どもとカリキュラム』市村尚久訳、講談社、一九九八年、七七頁)。

(20) 小川仁志『「道徳」を疑え! 自分の頭で考えるための哲学講義』NHK出版、二〇一三年参照。

第6章　公共性主義の場、あるいは主体としての公共空間

公共空間の境界を問う

本書でも何度か言及してきたドイツの哲学者マルクス・ガブリエルが、「公共圏における哲学」という短いエッセーを書いている。(1) その中で彼は、「哲学は、いつでも公共の場で語られてきました」と主張している。

たしかに、古代ギリシアのアゴラをはじめ、その後中世や近世においても書物や大学といった公共の場で哲学は語られてきた。近代になって、哲学が市民のものになると、サロンやカフェでも語られるようになった。現代ではそれはテレビやインターネット空間のような新しい公共の場にまで広がっているといってよい。現にガブリエルはテレビでも積極的に哲学を語り、本人が好むと好まざるとにかかわらず、インターネットにも多くの動画が存在している。

哲学がロゴスをその必然的な要素としている以上、いわば思弁を言語化する営みである以上、その言葉は誰かに聞かれることを予定しているのだ。そして言葉はひとたび聞かれると、吟味の対象となる。発せられた思弁は、公共性の対象になるのである。

つまり、言論としての哲学と公共空間は、切っても切れない関係にあるのだ。したがって、公共性主義が哲学である以上、公共空間は不可避的にそのアリーナ、あるいは主体となることを宿命づけられている。なぜなら、公共空間自体が語り、表現するからである。たとえば、革命を記念する広場は、それ自体がメッセージである。単なる客体としての場ではないのだ。

では、公共空間と聞くと何を思い浮かべるだろうか？　公園や広場のような誰もが日常共有する場だろうか。あるいは、前章で論じたような学校を思い浮かべる人も多いだろう。そう、学校はたしかに公共空間の代表的存在だといえる。とりわけ、批判的精神を養う場として認識されている大学は、その象徴だといってよい。私も大学に勤める身なので、すぐ思い浮かぶのはやはり大学だ。

実際、世の中を変える動きはいつも大学からはじまる。歴史を振り返ってみればよくわかるだろう。特に現代社会においては、どこの国でも学生運動が革命の発火点になっている。大学が既存の公共性に意義を投げかけ、新しい公共性を産み出そうとするのである。

私の日々の実感からしても、この世で一番議論しているのは大学だ。この世で唯一自由に議論することが許されている場所といってもいいかもしれない。後で紹介するように、残念ながら最近は制約が多くなってきているのだが、それでもまだ他の空間に比べればはるかにましである。

日本の場合、批判的精神を前提に議論することが想定されているのは、大学に入ってからである。あたかもそれまでは批判的精神が持てないと考えているかのようである。だから一方的な詰め込み教育が行われてきたのである。ようやく「探求」といった批判的精神の萌芽を養う教育が導入されつつあるが、まだまだ部分的なものにとどまっている。それは大学に入るまでおあずけになっているのだ。

ところが、せっかく大学で解放したはずの批判的精神は、社会に出ると再び封印せざるを得なくなってしまう。日本の企業に、自由闊達に議論をして仕事を進めていくなどといった風土は存在しないからだ。

これでは公共性が育まれないのも無理はない。だからこそ大学に期待がかかる。場所としての大学、主体としての大学に。ここでは大学を中心に、広くそうした運動の主体としての公共空間の意義について考えてみたい。

そもそも公共空間とは何か？

消去法的に定義するならば、それは純粋に国家が独占している公的な場（公的空間）と、逆に私人の財産としての私的空間を除いた場ということになろう。たとえば、私たちは簡単に皇居や首相官邸には入れない。税金で賄っているにもかかわらず、これらの場所は皆の場所ではないのだ。隣の人の家など、私的所有権のある場所が皆のものでないことはいうまでもないだろう。

したがって、そうしたもの以外、つまり誰か特定の人に所属する場ではなく、かつ誰でもアクセス可能な場だけが公共空間といえるのだ。わかりやすいのは、公園や大学などだろう。もちろん制限のある公園や大学もあるが。

では、その境界はどこにあるのか？　この点について篠原雅武は『公共空間の政治理論』において、公共空間を問うことはその外側にある異質な空間、たとえば私的空間との関係を問うことであるとしたうえで、次のように述べている。

> 私的空間は、公的空間からすれば、親密で暖かみのある空間、つまりは外の明るみの世界から保護されて居られることを許容する空間という関係にある。だから公共空間が存立するためには、私的空間との関係が適切に維持されること、すなわちこれらを区別しながら連結させせる境界が適切なあり方で維持されていることを要する。(2)

つまり、ここで大事なのは、境界を維持することである。同じことは私的空間との関係だけでなく、先に述べたように公的空間との関係についてもいえる。大学を例にとろう。日本の大学だけに着目してみても、憲法で学問の自由の裏返しとして大学の自治が認められ、本来そこでは自由な研究や言論が保障されているはずである。

しかし、国家はそうした自由に制限をかけようとする。それは政権批判を牽制したり、国家にとって直接に役に立たない研究を重視しないといった形で表面化してくる。そうすると、公的空間と公共空間の境界があいまいになってしまうのだ。

他方、財政難のあおりを受け、今や大学も研究資金を外部からとってくることを求められるため、企業の下請けのような存在になり下がっているという問題がある。これは私的空間と公共空間との境界線があいまいになることを意味する。

このように、上から下からというべきか、右から左からというべきか、ともかく公共空間であるはずの大学は、ますます公的空間と私的空間に侵食されつつあるといっていいだろう。そうなると何が問題なのかというと、自由な言論や行動が難しくなってくることである。大学で学生がスピーチをしたとしよう。しかしその内容が、当局の意にそわないものであったり、研究費を提供している企業の意にそわないものであったとしたら、当該学生は処分されたり、次にスピーチする機会を失う可能性もあるのだ。

学生は授業料を払っているとはいえ、大学に入学を許可され、単位という生殺与奪を握られた弱い存在だ。ひとたび処分を受ければ、いや少し注意をされただけで、もう何もできなくなってしまうのは日の目を見るより明らかだろう。同じことは教員にもいえる。

大学教授は偉そうにしているように思われがちだが、ただの被用者にすぎない。だから解雇をちらつかせられれば、もう何もできなくなってしまうのだ。それこそ終身身分を保障するなどよほどの保障がない限り、ただのサラリーマンにすぎない。上司の恫喝の前では何もいえなくなってしまうか弱い立場なのである。

さすがに国立大学ではそこまで露骨なことはないが、私立大学では建学の精神を批判したことが遠因で、最終的に大学教授が解雇されるに至ったケースもある。最近の例でいうと明治学院大学事件がそうである(3)。

所属するキリスト教系大学の建学の精神を批判したことで、授業を無断録音されたY教授は、そのことを大学に抗議した。すると、こともあろうに大学側は、Y教授に解雇をいい渡したのである。地裁ではY教授が勝訴したが、そもそもこんなことがまかり通ること自体に問題がある。

国立私立の別を問わず、大学という存在はすべからく公共空間であるべきである。皆が自由に発言し、批判し合える場であるべきだということである。そうでないと、学問の発展は見込めない。忖度や遠慮があってはいけないのである。真理の探究は政治とは異なる。現実に合わせるための妥協は議会や取締役会でやればいいのであって、学問の場でやることではない。まさに大学の危機である(4)。

大学にかかわるすべてのアクター、つまり研究者、学生、市民等、「皆」が対等な立場で批判し合える環境が必要なのだ。公共空間とは、そうした建設的な相互批判のための場だといってもいいだろう。

だからこそ、大学生という高い感受性を持ち備えた存在が、世間とのしがらみを度外視して、世の中のおかしさを指摘することが可能になるのだ。学生運動はいつも革命の導火線であり得た。ただし、そのためには大学を公共空間として温存しておかなければならない。

それができていないと、学生の良心は無に帰するだけである。60年代の日本がそうであったように。そして80年代の中国がそうであったように。たしかに68年の世界的な学生の反乱は、世の中に大きなインパクトを与えた。でも、真の意味で学生運動が社会を変えたというお手本は、2014年の台湾のひまわり運動をおいてほかにないように思われる(5)。

台中間のサービス分野の市場開放を目指す「サービス貿易協定」の批准に反発を覚えた若者たちが、長期にわたって国会に当たる立法院を占拠した事件である。これが遠因となって、政権交代が起こり、民進党の蔡英文総統が誕生したといっていい。

つまり、学生運動が世の中を変えたのだ。それを可能にしたのは、台湾人の公共性に対する高い意識であったといえるのではないだろうか。様々な大人たちが、大学生を支援したのはもちろんのこと、何より台湾では大学生や大学が公的なものに成り下がっていなかったということである。
当時台湾政府は黒箱、つまりブラックボックスになっていた。公的なものは黒箱と化していたのだ。議会もまさに黒箱の温床だった。それを見事に内側から開いて見せたのが学生であり、彼らを支援した大人たちだったのだ。台湾のひまわり運動について論じた港千尋の『革命のつくり方』は、その様子を次のように表現している。

言葉の平等を排除する「黒箱」を壊すことによって、言葉を取り戻す。閉じ込められていた声を解放し、共鳴を生み出してゆく。そこから政治は始まるのである。多くの学生と市民が、議場で、路上で、あらゆる場所で発言している。それは声と紙とメディアによる革命である。(6)

声を失った民主主義が、見事に声を取り戻し、熱く語りはじめる様子が目に浮かぶ。それは決して箱の破壊ではなく、箱を内側から開くことによってのみ可能となる。必要なのは力ではない。創造性なのだ。現に立法院を占拠した学生たちは、インターネットを駆使し、創意工夫に満ちた運動を展開することで、箱の内側から次々と穴を開けていった。革命は起こるのではなく、つくるもの。そう痛感させられた。占拠された立法院が真の意味で公共空間という主体になった瞬間である。

事態が収束した後、テレビのドキュメンタリーで、台湾の学生たちが熱く民主主義について語っている様子を目にした。それが彼らの日常なのだ。私もよく台湾の大学に行くが、日本に比べて彼らの政治に対する意識は総じて高い。ときに熱ささえ感じる。公共空間に求められるのは、あの熱さなのだ。

私的な空間は家族に象徴されるように、同質性の空間だといっていいだろう。また公的空間も、秩序が優先されるだけに、異質な者が集まりつつも、同質性が支配する空間になる。国会を見れば明らかだ。本来様々な利害を代表するはずの政治家たちは、ひとたび議場に集うと、政治家という同質性を帯びてしまう。それは一時の振る舞いのことを言っているだけでない。数年もすれば、異質だった政治家も皆同じ顔になってしまう。間違ってもそこで革命が起こることはない。

しかし、公共空間は異なるのだ。異質な者が異質なままに混在する空間であり続けるのだ。だから摩擦や化学反応が起きる。そして沸騰し、熱を帯びるのだ。台湾の社会にはいまだにその熱があるように感じられる。

前述の港千尋は、「ひまわり革命」をテーマにしたシンポジウムで、「街路の弁証法」という表現を用いている。(7) つまり、台湾の立法院を一歩出ると、そこには市民が日常生活を営む街路があるというのだ。その街路が内部と外部をつなぐ第三の空間として、弁証法的に機能したというわけである。なぜなら、人々は街路という日常の場で、決して過激になることなく、半ば生活を送るように立法院を占拠する学生の支援を行っていたからである。そもそも台湾の街路は、あたかも古代ギリシアの広場よろしく、市民にとっての日常的な政治の場なのである。

言い換えると、公共空間としての街路は、常に行動の準備ができているということだ。ひとたび何かが起これば、すぐにそこは日常モードから非日常モードに切り替わる。いや、日常のまま非日常を受け入れるといったほうが正確だろうか。いずれにしても、台湾の熱は街路にこそ根付いているのだ。あの無秩序に見える屋台の熱気の裏には、強靭な公共性が存在しているといえる。

私自身、若かりし頃台湾社会の政治に馳せる熱き思いに影響され、会社を辞めた経緯がある。それが今哲学の普及に勤しむ結果につながっているのだが、世代が変わっても今なお彼らの熱は一向に冷めることを知らない。その国の抱える歴史が、熱を冷ますことを許さないだけだといってしまえばそれまでだが、しかし誰かが熱を冷まさないように伝え続けているのもまた事実なのである。

どこの国にも歴史がある。抑圧と対立の歴史が。しかし、それをタブー視してしまったとたん、熱は冷めてしまう。悲しみや怒りの歴史を単なる過去のものとして博物館に閉じ込めてしまうのではなく、今を生きるためのエネルギーに変える必要があるのだ。

残念ながら日本の歴史はいつも封印されてしまう運命にある。何事もなかったかのように、語ることさえ許されなくなるのだ。語ることを許されるのは、被害に遭ったときだけ。第二次世界大戦一つとっても、空襲や原爆の被害者としての言説のみが語り継がれる。戦犯としての日本の歴史を語ろうとするのは、国外の被害者だけである。

日本の学生が大学を占拠した歴史も、暗い過去として封印されてしまっている。しかしそれは本当に暗いだけの過去だったのだろうか。あさま山荘事件のような血なまぐさい歴史だけを、ワイドショーのように定期的に紹介するテレビメディア。学生たちはあの時代、本気で日本を変えようとしていたのではなかったのか。少なくとも、夜を徹して社会について議論する学生の姿はもう見られない。

今や大学は公的空間か私的空間のいずれかに成り下がり、異質なものが混ざり合う余地もなくなっているのだ。むしろ熱が生じないように、完全に管理されているのである。このことは、大学が単なる職業訓練学校と化してしまっている現実と無関係ではあるまい。

だからこそ、公共空間を温め続ける熱が、大学に限らずあらゆる場に必要なのだ。それこそが社会を明るく保ち続ける。台湾が日本より明るく感じるのは、南国だからではない。日本もっと明るくなるはずである。たとえこの社会が混沌に溢れ、暗澹たる姿しか見せないとしても、熱さえあれば希望を捨てずに済むのだ。

そう、公共空間は明るい場所でなければならない。この点五十嵐紗千子は、まさにその名も『この明るい場所』という著書の中で、ポストモダンにおける公共性の問題を鋭く指摘している。五十嵐は、ポストモダンの時代、すなわち現代における公共性のあり方について、いかにして他者の存在、個々人の差異を守りつつ、それでいて相対主義を克服して連帯を実現することが可能なのかについて論じる。その結論部分とおぼしきところを引用してみたい。

こうして広場は限りなく流動的で不安定な場所になる。そこにはもう「家」の安定はなく、そこで保障される「われわれ」のアイデンティティの安定もないだろう。だが同時に、今のこのその都度の合意の束縛から、今のこの「われわれ」の緊縛から、共に自由になり続けうるという明るみの中で――コミュニケーションのアナーキーな明るみの中で――われわれは自分を見失いながら、新たなわれわれを形成し続けていくだろう。

それが、あらゆる「家」の境界を相対化した、「境界なきコミュニケーション共同体」という、ポストモダンの現在において唯一「正当」な連帯の形なのだ。

そしておそらく、それがポストモダンにおける公共性の形なのである。(8)

つまり、公共空間の明るさとは、それが他者を排除し、閉ざされた空間にしてしまわないことによってはじめて保たれるものなのだ。しかし、それがいかに美しい空間、いかに正しい空間であったとしても、境界を設けて外側に他者を設定する限り、明るいものにはなり得ない。

だから境界によって成立する空間の概念とは矛盾するようだが、あえてその境界を開いた状態にするしかないと訴えるわけである。たしかに、公共空間は常に開かれたものでなければならないという主張には賛同できる。閉ざされた空間が明るくなるわけがない。

しかし、そうした境界を確定することへの恐れが、逆に異議を唱えることへの躊躇へとつながってしまっては本末転倒ではないだろうか。行動を求める公共性主義の立場からは、どうしても「否」といえる勇気の可能性を残しておく必要があるように思えてならない。そうでないと、公共空間の境界をなくすことは、すでに危機に述べてきたように、公共空間喪失の危機につながりかねないからだ。

公共空間の明るさは、境界の壁を取り除くことによって担保するのではなく、むしろ境界とは何かを問うことによって確保していくべきだと思うのである。境界があること自体が問題なのではなく、それを絶対的なものとして認め、その意味を問うことをタブー視してしまうことこそが問題なのである。だから境界の意味を問い続ける必要があるのだ。まさに本書で試みているように。その意味で、以下のコモンズに関する話もまた、その境界の意義を問うものとして位置づけられるだろう。

コモンズとしての公共空間

公共空間に関する議論と酷似していながら、昨今あえて異なる位相に位置づけられるのが共有地を意味するコモンズの議論である。もともとは中世イギリスに起源を持つ概念で、土地に対する共有権を意味していた。それが現代では国家と個人の間にある中間集団を含意するようになっている。その点で公共性に似てくるわけだが、政治学者の宇野重規は、『社会の中のコモンズ　公共性を超えて』において、そのコモンズの概念と公共性概念との異同を次のように説明している。

英語における「コモン（common）」という言葉は、「パブリック（public）」という言葉と比べて独特の含意を持つ。とくにコモンズという場合、具体的なものや場所、空間との結びつきが非常に強い。結果的に公共性概念がしばしばきわめて抽象的に論じられがちであるのに対し、コモンズ概念は、具体的なものや場所、空間、さらにはそれと結びついた諸権利やネットワークを指すことが多い(9)。

つまり、コモンズが公共性と異なるのは、なんらかの具体的なものを媒介にしているという点である。単なる言論の抽象的な観念ではないのだ。ただ、宇野も認めているように、あくまでそれはアーレント的な従来の公共性概念を前提とした議論にすぎない。

しかし私が論じている公共性主義における公共性概念は、より具体的な実態をともなうものであって、決して抽象的なものではないのだ。その意味で、必ずしもコモンズを公共性を超えるものとして位置づける必要はなく、むしろ公共性の中にコモンズの諸要素を取り込んでいくことができるように思われるのである。

たとえばそれは、公共空間を共有の場にするということにほかならない。これまで論じてきた公共空間は、誰でも出入り可能な、その意味で誰のものでもない場所であった。しかし、皆のものというとき、それはコモンズのように一定のメンバーシップを前提とすることも可能である。

その場合公共空間は、あたかも会員制のクラブのような存在になる。だからといって、参加資格が過度に制限されたような場になると、それはむしろ私的空間になってしまう。私がここで想定しているのは、あくまで登録が必要な図書館のようなイメージである。図書館の利用に登録が必要だからといって、閉鎖的な空間だとか、公共性が失われるなどという人はいないだろう。

公共空間はフリーであれば成り立つというものではない。むしろそれでは成り立たないこともあるのだ。なんの秩序もない戦場を誰も公共空間とは呼ばないように。むしろ公共性には秩序やルールが求められる。それは公共性が私たち一人ひとりに担われているということと関係している。

したがって、この登録があるかどうかは割と重要で、そこが私たちに責任感を生ぜしめるのである。公共空間は決して使い捨ての場であってはいけない。図書館の場合、本を借りる側には責任が生じる。図書館の利用の際にもルールを守る必要が出てくる。

宇野にいわせると、コモンズにはそうした規制や罰則の要素だけでなく、それを促進していくだけのインセンティブもあるという。しかし、公共空間にもそうした要素がないとはいえない。公共空間をつくることに携わる人間は、常にその潜在的な受益者でもあるからだ。

自分が使いたくなるような場、自分がいたくなるような場をつくれるというのは、それだけでインセンティブになるのではないだろうか。もちろんその場合、公共性主義について論じた「開公活私」の精神が求められることはいうまでもない。公共空間は自分のための私的空間ではないのだから。自分にとって快適であることは不可欠の条件であっても、それが最優先されてはいけない。少なくとも皆にとって快適であることが前提なのだ。そうしてはじめて、公共空間はコモンズとなり得る。

□注

（1）マルクス・ガブリエル「公共圏における哲学」『本』講談社、二〇一九年、四頁。
（2）篠原雅武『公共空間の政治理論』人文書院、二〇〇七年、一八頁。
（3）事件の概要については、寄川条路編『大学における〈学問・教育・表現の自由〉を問う』（法律文化社、二〇一八年）に詳しい。
（4）この問題については、近く刊行予定の寄川条路編『大学の危機』に掲載される拙稿「大学教授とは何か？」を参照。
（5）台湾のひまわり運動の本質については、『社会運動』四一五号（インスクリプト、二〇一四年）が特集を組んで詳しく紹介している。
（6）港千尋『革命のつくり方　台湾ひまわり運動――対抗運動の創造性』インスクリプト、二〇一四年、九二頁。
（7）港千尋「群衆は民主主義を入院させる」『社会運動』四一五号、一四―一五頁。
（8）五十嵐紗千子『この明るい場所　ポストモダンにおける公共性の問題』ひつじ書房、二〇一八年、二二五頁。

（9）待鳥聡史、宇野重規編著『社会のなかのコモンズ　公共性を超えて』白水社、二〇一九年、二三頁。

第7章　新たな課題

新たな社会における公共性

これまで私たちが暮らす社会、主に市民社会や地域コミュニティのようなものを念頭に置きつつ、ときに国家も意識しながら、個人はそこにいかにかかわるべきかという形で議論を進めてきた。それは人類が公共性を論じはじめた古代ギリシア以来、一貫して共有されてきた領域だからだ。しかし今私たちは、新たな時代を迎えている。市民社会や国家という枠組みを超えて、グローバル社会やバーチャル空間、あるいはポスト・ヒューマンの社会を生きているといっていい。

そこで、この最終章では、こうした新たな社会における公共性についていかに対峙していくべきなのか論じてみたい。とはいえそれは、これまで論じてきたこととまったく無関係ではあり得ない。いずれにしても人間がつくり出した社会である。したがって、何が新しいのかということだけを意識しながら、その対応を考えることとする。

具体的には、先ほど挙げた三つの主要な変化を取り上げる。グローバル社会、バーチャル空間、そしてポスト・ヒューマンの社会である。グローバル社会については、移民の公共性を考える。今世界は新たな大移動の時代を迎えている。より安全で、より自由で、より富の集まる場所に向けて、人々が異動しているのである。その結果、アメリカやヨーロッパへの移民が増えているわけである。

バーチャル空間ににについては、インターネット、とりわけＳＮＳの公共性を考える。ＳＮＳは今や単なるコミュニケーション手段を超えて、私たちの生活のほとんどに関係している。そこはバーチャルな空間であるがゆえに、様々な可能性と危険性を生み出しているのである。

ポスト・ヒューマンの社会については、なんといってもＡＩ（人工知能）を論じなければならないだろう。ＡＩはすでに人間と共存をはじめているといっていい。サービスの提供だけでなく、人間の仕事を奪うという負の側面を含めて。その先にはＡＩが人間を支配する未来さえ待ち受けているかもしれない。

こうした新たな問題に直面したとき、当然のことながら、まずはそれぞれの専門分野が反応する。いや、ビジネス界が反応するほうが早いかもしれない。次にようやく政治が動くか、動かされる。そして最後にミネルヴァのフクロウである哲学が重い腰を上げる。それはそれでいいだろう。哲学は予想屋でも政策を担当する領域でもない。

しかし、公共哲学だけはそういかないのだ。何しろそれは自分がその事態にどうかかわるかを考える学問である。すべてが終息してしまってからでは手遅れだろう。今まさにどうかかわるかが問われているのである。だからこそ今反応することが求められるのだ。

ＡＩの例をとってみればわかるように、まだそれがどうなるかは誰にもわからない。シンギュラリティが来るのか否か、意識を持つのか否か、専門家でも見解が分かれるのだ。そんな中で哲学が口を出すのはおかしいという人もいる。はたしてそうだろうか？　少なくとも公共哲学に関してはその理屈は当てはまらない。むしろ世の中を導くべく果敢に議論し、行動するのが正しいあり方なのだ。

①グローバル社会の問題——移民の公共性

グローバル社会の問題としては、移民の公共性に着目したい。移民の公共性については、今ヨーロッパで盛んに論じられている。公共性をめぐる議論がいまだ進化し続けているのは、移民をめぐる議論のおかげだといってもいいだろう。なぜならそれはヨーロッパにとって喫緊の課題だからだ。したがって、単に哲学者によってだけではなく、政治学や社会学の分野で現実の問題として議論されることが多い。

しかし、これは決して喜ばしいことではない。裏を返すと、移民の問題がそれほど深刻だということなのだから。移民の問題とは、つまるところ移民を受け入れない、あるいは受け入れた移民の処遇が不十分であるという問題を指す。世界にはまだまだ貧困な地域がある。

そして戦争もなくならない。そういった地域から、より豊かで安全な土地に移り住んでくる人たちがいるのは当然である。

中東からヨーロッパへ、あるいは南米からアメリカへ、毎年多くの移民が押し寄せている。これに対して、ヨーロッパやアメリカは難色を示す。その象徴がポピュリズムの台頭にほかならない。移民を排除しようとする人たちが、自国優先の主張を繰り返すポピュリスト政治家を支持しているのだ。

彼らは自分たちの国という表現をよく使う。たしかに世界はまだ国民国家によって形成されている。地球市民は掛け声や理想のレベルで停滞しており、現実にはそれぞれの国家が移民を受け入れたり、排除したりする実権を握っているのだ。

一般に、共同体を重視する政治哲学の立場であるコミュニタリアニズムに依拠すると、国家は自分たちの共同体における善を守るために、外部に対して排外主義をとりがちである。ところが、自由を重視するリベラルの側も、こと対外的な問題となると保守的な態度を示す。たとえば、リベラルの代表的思想家ジョン・ロールズは、かつて『万民の法』の中で、国民国家においては移民を認める理由は例外的なものだと論じていた[1]。つまり、国民国家への信頼がそれほど厚いということなのである。

このように、国民国家を前提とする限り、移民を受け入れるのはなかなか困難なことになってしまう。国家の成員が最優先され、またその優先を決めるのも国家自身になってしまうからである。そこで、国家を超えた思想が求められる。それが地球市民主義とも訳されるコスモポリタニズムである。

誰もが同じ地球の市民であると考えることによってはじめて、私たちは移民に門戸を開くことが可能になるのだ。たしかに地球市民というのはまだ現実のものにはなっていない。第1章でも述べたが、それは決して国民国家という概念が阻害要因になっているということではない。私たちはそもそも自分のことしか考えていないのだ。

グローバルな公共圏の可能性について探究するナンシー・フレイザーは、そんなグローバル社会の現状を鋭く分析している。つまり現代社会は、もはや国民国家によって構築された世界、いわゆるウェストファリア型の世界ではなくなっているという。そうではなくて、「ポストウェストファリア型の分散した主権」が世界を支配していると考えるのである[2]。

たしかに、国民国家は相対的に主権の力を弱め、今やグローバル企業などの国境横断的権力によって牛耳られているといっても過言ではない。GAFAに象徴されるように。だから個々人は地球市民としてどころか、国民としても公共性に関与することはなく、ただ半径数メートルの自分だけの生活圏に生きているのである。もちろんその生活圏には、自分しかいない。

ただ、これが勘違いであることは明らかだろう。実際には私たちが、このグローバル時代において、地球という公共圏で生活しているのは紛れもない事実である。たとえば、交通の発展のおかげで、世界はますます小さくなっている。日帰りで海外に行くことも可能だ。そして貿易のおかげで、世界中のモノを使用している。衣服も食品もほとんど海外産なのではないだろうか。何より、インターネットのおかげで、私たちは世界中のサービスを日々享受しているではないか。

そうした状況において、「私」がかかわるべき「公」の範囲は、もはや国内にとどまらず、世界中に広がっているといってもいいだろう。公共性とは、共有可能性であり、それは善であると述べてきた。様々なモノや価値を共有することが、私たちの人生を豊かにするからだ。とするならば、「公」が世界規模に拡大すれば、そこから生まれる公共性の共有可能性も飛躍的に拡大することになる。

だから私の提唱する公共性主義の立場からすると、移民の受け入れには肯定的になるのだ。たしかに、移民がもたらす可能性は、いいものばかりではないという反論もあるだろう。多くの移民反対論は、そうした視点から提起されているものだ。仕事を奪う、治安が悪くなる、階層化が生じる、伝統を破壊する等々。

しかし、それは何もしないからそうなってしまうにすぎない。移民の活力を利用して新たに仕事を生み出せばいいのである。また移民を市民として処遇できれば、治安が悪くなることもない。移民がテロリストになるのは、貧困や疎外感が理由である。そうしたきちんとした処遇は階層化を防ぐことにもなる。伝統の破壊については、それを新しい文化の誕生ととらえつつ、同時に本当に守るべき伝統を保護する政策をきちんととるべきである。

ただ、だからといって安易に移民の同化を図るようなやり方をとってはいけない。移民を市民として受け入れるということは、あくまで他者として受け入れるということであって、彼らを自分色に染めようというのは、排除にも等しい愚行である。それについてはハーバーマスが『他者の受容』の中で語っている通りである。ハーバーマスは、移民を実質的倫理的価値に統合する同化に強く反対し、むしろ次のような意味での包括こそが求められるとする。

包括とは、差別されている人々を平等に扱うため、さらに同質な人民からなる画一社会を強制せずに周辺的な人々に配慮するために、政治秩序がつねに開かれていることを意味する。そのためには、自由意志の原理が重要である。したがって国家への市民の所属は、少なくとも暗黙の同意に基づいていることになる。人民主権についての実体論的理解は、「自由」を基本的に人民の実存という対外的自立に結びつける。(3)

つまり、強制ではなく、配慮としての包括を理想とするのである。必然的にそれは、包括される人たちの自由を重視することになる。言い換えるなら、差異を差異のままに受け入れるということである。そうすると、お互いが何をどこまで認めるか、日々確認し合うことになる。その努力をあきらめるからうまくいかないのである。

つまり、行動が足りないから、移民がもたらす負の可能性ばかりに目がいくのである。あるいは負の結果を生んでしまうのである。その点でも行動を不可欠の要素とする公共性主義にとっては、移民問題は「問題」ではない。それは公共性を豊かにするものでしかないのである。

したがって逆説的に聞こえるかもしれないが、移民問題は彼らを受け入れることでしか解決しないのだ。かつてマイケル・ウォルツァーが、亡命者について語った次の言葉に着目していただきたい。

しかしながら、求めているものが、領地を与えたり富を輸出することでは満たされない、そのような困り方をしている孤立者の集団がある。受け入れることによってしか、その要求は満たされえない。これは亡命者〔難民〕の集団であり、彼らは輸出することのできない財である、成員資格《メンバーシップ》自体を求めている。(4)

この言葉はあらゆる移民についてそのまま妥当するものである。移民問題の解決策に選択の余地はない。行き場を失った人たちは、生きていけない。国境で息絶える多くの人たちを見れば明らかだろう。受け入れるか、さもなくば死か、なのである。この場合の死は、受け入れを望む者の死だけではなく、世界という限られた空間に共存することを宿命づけられた人間社会の死そのものを意味することを忘れてはいけない。

②バーチャル空間の問題——SNS公共圏

バーチャル空間の問題については、SNSが形成する公共圏に着目したい。SNSはあっという間に私たちのインフラになってしまった。フェイスブックやツイッター、そしてライン。これらは単にコミュニケーションの手段だけでなく、主なニュースソースにもなっている。いや、若い人たちにとっては主などころか、唯一のニュースソースになっているといってもいいだろう。まったく由々しき事態である。

なぜなら、SNSで流れてくる情報は、客観性を欠いていたり、偏っていたりするからだ。間違っていることも多い。いわゆるフェイクニュースの問題である。嘘の情報があたかも真実であるかのように書かれているのである。そうした嘘の情報は、真実の情報と混じっているため、思わず真に受けてしまうのだ。

ジャーナリストの福田直子は、『デジタル・ポピュリズム』の中で、そんな人々のSNS依存が民主主義にとって脅威となっていると指摘する。「テクノロジーと手を組んだプロパガンダが民主主義を破壊しかねないという爆弾を抱えることにはならないのだろうか」と警鐘を鳴らすのだ。そして、IT企業もメディア機関の一部として規制の対象になるべきだという。(5)

たしかにこれまで、IT企業はそうやって規制を逃れてきた。私たち自身、インターネットという自由な空間への規制を嫌い、ややもするとIT企業の味方をしてきたように思う。取り直さずそれは、私たちが公共性を軽視してきた結果だということができよう。

インターネットの自由さや便利さを重視して、民主主義の危機を軽視してきたわけだ。しかし、それがどのような結果を招くのか、そろそろ直視する必要があるといえる。このようなことをいうと、日本ではまだそのような危機は起きていないと指摘する人がいる。あたかも危機を煽る扇動者か、自由を規制する国家主義者のような扱いを受けるのだが、決してそんなことはない。

たとえば瀧川裕貴は、『ソーシャルメディアと公共性』に寄せた論考の中で、ツイッターが日本の政治に与える影響について興味深い分析を行っている。瀧川は調査にはまだ様々な限界があることを断りつつも、次のような結論を導き出している。

まず、Twitter政治場において政治的志向による（インブリーディング）ホモフィリーは確実に存在する。つまり、政治的志向に基づく関係形成が行われ、類似の人々の間で関係が閉じていく傾向が存在する。そしてこの傾向は相互ネットワークになると若干ではあるが、より大きくなる。さらに明らかになったのは、イデオロギー的に「極端」な立場の方が、ホモフィリー度が高い傾向があるということである。(6)

ここだけ見てもわかるのは、ツイッターを使った政治の言論空間においては、同じ考えを持った人たちだけが議論をする傾向があるということである。言い換えると、自分と異なる考えを持った人とは議論をしないのである。

もともとインターネットそのものが、開かれているようで実は閉じられた空間であることが指摘されてきた。サイバーカスケードなどと呼ばれるが、意見や趣味を同じくする人たち同士でかたまり、閉鎖的になっていく現象である。そうした現象が、開かれた議論を妨げ、公共圏の形成を阻害する要因になっているのだ。

第1章で、世界の公共性の問題について述べた際、インターネットにおける「公」の可能性を示唆しておいた。動物化した個々人が、それでもなお公共性の主体になり得るのは、彼らの主戦場であるインターネットをおいてほかにないのではないかと。

自分たちに関心のある事柄だけを議論し、そのためであれば狭い範囲ではあるが共通のフォーラムを形成する傾向にある人たち。そういう人たちを公共性の担い手に転換していくための工夫をすればいいのである。

この点、サイバーカスケードという言葉の生みの親であるアメリカの憲法学者、キャス・サンスティーンは、SNSが民主主義にもたらす負の影響に対応するため、ユニークな提案を行っている。

彼は『#リパブリック』の中で、人々が自分自身の「インフォメーションコクーン（情報の繭）」の中に包み込まれていると指摘する。[7] それはあたかも外部と遮断された心地よい空間を想起させる。たしかに、自分の好きな情報だけに包まれていれば、心地よく過ごせるだろう。しかし、それこそが民主主義の危機なのである。

というのも、民主主義を維持するには、自分とは異なる他者の見解にさらされ、集合的な共有経験を持たなければならないからである。インフォメーションコクーンはそうした環境を不可能にしてしまう。

ただ注意しなければならないのは、サンスティーンもSNSそのものがいけないといっているわけではない点である。むしろ孤立した集団が、自分たちの抱える困難について熟議を行うことで、彼らの絶望感を払拭することが可能になるからだ。サンスティーンが挙げる例を見ると、たしかにうなずける部分はある。

たとえば、独裁国家の政治的反対者、がん患者、SF愛好家、感染症を心配する人々、身体的もしくは精神的障害を持つ子の親、貧しい借家人、宗教的少数派のメンバー同士の私的な会話等。しかし、そうした恩恵があるのは十分承知したうえで、それでもサンスティーンはインフォメーションコクーンのもたらす負の側面に注意を払うべきだと主張する。

財産権を保護するどんなシステムも政府の積極的な役割を要するはずだからだ。たとえサイトの所有者であっても、サイバーテロから守られたいなら政府に規制してもらうしかないというふうに。したがって、「問題は規制を設けるかどうかではなく、どういう規制を設けるか」なのである。[8]

そこでサンスティーンは、政治的見解を掲載する際に反対意見へのリンクを貼ることや、自分の過去の思想傾向からは選択しないであろう記事と偶然出会うための「セレンディピティボタン」を画面に配置することを提案する。そしてさらには、パブリックフォーラム論をインターネット空間にも適用することを提案する。[9]

パブリックフォーラム論とは、公共的な場において、表現活動のために発話する権利を保障すると同時に、表現者以外に対してはその発話を聞くことを甘受させるものである。アメリカの判例上形成されてきたもので、これによれば公共的な場の管理者の自由や、表現者以外の者の聞く自由の制限が可能になる。したがって、この理屈をインターネット空間にも適用すれば、自由の制約ができるはずだというわけである。

サンスティーンの議論は具体的で面白いのだが、やはりどうしても国家による規制という側面が強いように感じてならない。インターネットにおける自由を損なわないような形で、かつSNSのもたらす危機を回避するには、可能な限り、公共性の価値を維持しようとする個人の積極的なかかわりが求められるべきである。公共性主義に基づき、私たちが自主的にこれを制御していくのが理想なのだ。

そのためには、SNSに対するリテラシーを高める教育を政治教育と組み合わせて、初等教育から生涯教育にまで浸透させるよりほかないだろう。たしかに教育は基本的に国家の手によるものだが、直接的に自由を制約するものではない。正しいことや危険性を十分に知ったうえで、どのような行動に出るかは自分次第だからだ。

そうしたリテラシーさえしっかりと身についていれば、SNSを主戦場とした昨今のフェイクニュースやポスト真実といった問題は回避され得るだろう。歪んだ公共圏ともいうべき嘘の言論の世界が構築され、それが現実の政治に影響を及ぼしている現実がある。それを避けるには、個々の発信者のリテラシーに期待するするしか解決の道はないのだ。その方法について哲学者の野家啓一は、三木清の思想を引きながら次のように提案している。

三木はそこから抜け出る道を役割の互換性と自己否定に求める。つまり、語る者が聴く者となり、聴く者が語る者となるように、役割を固定化せず交代する可能性を含みこむことによって、一定の客観性を担保しようというのである。(10)

野家によると、この聴く者と語る者が互いに「自己否定の可能性」を持った言論の場を、三木は公共圏と名づけていたという。SNSが個人をベースとしたメディアである以上、その客観性の担保は個々人に委ねられざるを得ない。だから発信する側も、受信する側も、常に自己否定を前提としていなければならないのである。

これは従来のマスメディアが絶対的な信頼性のもとにある種の一方的な公共圏を築いていたのとは正反対である。SNSという個人を単位とした双方向メディアにおいては、誰もが対等であり、それゆえに信頼性は相対化されるのである。そんな中でも互いを信頼し、それが客観性を持ったメディアとして成立するためには、逆説的ではあるが、個々人が自ら信頼性を否定しなければならないということである。

それさえできれば、SNSには大きな可能性があるといえる。とりわけグローバル社会においては、国民国家に公共性を期待をするのは難しい。いまだ国際社会はリアリズムで動いている。だからこそＳＮＳが紡ぎ出すような公共性に期待をせざるを得ないのである。正しいリテラシーを持った個人が、世界中で意見を交換するようなグローバルでバーチャルな公共圏が確立できれば、右傾化する国民国家にも対抗できるのではないだろうか。

それはアントニオ・ネグリらが掲げたマルチチュードの概念を想起させる。彼らが指摘した〈帝国〉としてのグローバル社会に対抗するには、群衆の世界的な連帯が不可欠である。マルチチュードとはまさにそうしたグローバルな群衆の連帯を指すわけであるが、ＳＮＳを正しく使いこなす個人のネットワークは、マルチチュードであるともいえるのだ。現にネグリらは、こんなふうに表現している。

マルチチュードもまた、ネットワークとして考えることができるだろう。すなわち、あらゆる差異を自由かつ対等に表現することのできる発展的で開かれたネットワーク、言いかえれば、出会いの手段を提供し、私たちが共に働き生きることを可能にするネットワークである。(11)

ここでいうネットワークは必ずしもインターネットのことだけを指すわけではない。しかし、現代社会においてグローバルな群衆は、事実上インターネット上でつながり、仕事をしている。それ自体がマルチチュードなのである。中でも彼らはＳＮＳを駆使することで、互いの意見をすり合わせたり、新たな価値を生み出したりしている。

そこに着目するならば、もしかしたら先ほどの教育の主体もマルチチュード自体に委ねるという手もあるかもしれない。正しいＳＮＳの使い手としてのマルチチュードが、自らリテラシーを学んでいく仕組みである。もちろんまずマルチチュードを形成する必要があるが、その後は国家ではなく、マルチチュードにリテラシー教育を任せることができるように思う。

インターネット上でも、新しいサービスが生まれるたび、マナーの悪い輩が現れる。たとえば、中傷などによって人を不快にさせる行為だ。しかし、マナーを守らないユーザーは次第に排除されていく。だから皆マナーに従うようになる。それは別に国家が規制をかけたからではない。ユーザーたちが自主的にそういう状況をつくり出すのだ。なぜなら、自分たちがきちんと、かつ気持ちよくサービスを受けたいから。幸い、人を不快にさせる行為は、現実の社会でもネット社会でもそう変わらないのである。

③ポスト・ヒューマン社会の問題――ＡＩをめぐる公共性

ポスト・ヒューマン社会については、主にＡＩをめぐる公共性の問題に着目したい。ある意味でＡＩは、今述べてきたグローバル化やインターネットというこれまで21世紀を象徴する言葉として喧伝されてきたものをはるかに凌駕し、一気に主役に躍り出ようとしているからである。いや、もうすでに主役になっているといっても過言ではない。ほんの20年前、21世紀に突入するギリギリの段階では、ＡＩが人間を支配するなどというのはＳＦの話にすぎなかった。

現に１９９９年という20世紀の最後に世界を席巻した「マトリックス」は、まさにそんなＡＩによって支配された社会を描いた典型的なＳＦ映画だった。[12]ところが、20年後の今、「マトリックス」は当時とは違った意味で世界を席巻している。つまり、予言の映画であったかのような扱いを受けているのである。ＡＩが囲碁の世界チャンピオンに勝利して以来、ＡＩに仕事が奪われるという議論がリアリティを帯びはじめ、いわゆるＡＩ脅威論やＡＩ悲観論という流言が人々を不安に陥れているのである。

そしてその不安は、今やＡＩによる人間の支配というリアルな恐怖にまで拡大しつつある。そのきっかけの一つになったのは、なんといっても歴史学者ユヴァル・ノア・ハラリによる『ホモ・デウス』だといっていいのではないだろうか。ハラリは『サピエンス全史』でその名を世界に轟かせたかと思うと、未来を予言する書『ホモ・デウス』を立て続けに世に問い、現代の預言者ともいうべき扱いを受けている。その予言は実にリアルで、誰もが納得する内容に満ち溢れている。その一つがデータ至上主義がもたらすＡＩによる支配である。ハラリは次のように警鐘を鳴らしている。

一八世紀には、人間至上主義が世界観を神中心から人間中心に変えることで、神を主役から外した。二一世紀には、データ至上主義が世界観を人間中心からデータ中心に変えることで、人間を主役から外すかもしれない。(13)

このデータを提示するのがＡＩにほかならない。ＡＩが登場するまで、人間は何百万年もの長きにわたって、人間至上主義を掲げ続けてきた。しかし、ＡＩという超知能の登場は、そうした人間至上主義にストップをかけようとしているのである。かつて人間が神を世界の中心から引きずり降ろしたように。

では、なぜ今度はＡＩが上に立とうとしているのか？　それはＡＩのほうが「正しい」からである。もちろんこの正しいという意味は、アルゴリズム的な正しさにすぎない。データによると、そのほうが確からしいということである。ただ、データを過信する社会では、それがイコール正しいということになってしまうのだ。

ＮＨＫのドキュメンタリーで、中国の若者たちが、アリババの信用スコアによって人を判断する光景が紹介されていた。[14] 債務返済や法律違反などがデータ化され、自分の信用度が数値で表されるＡＩのアプリである。ときには自分でも気づいていないような行動も採点されているわけである。そして皆その数値を信奉し、人を判断する際の基準にしはじめる。だから誰もが自ずとＡＩの指示に従って生きるようになる。それならそんなもの使わなければいいのだが、そうはいかない。もし使わないとなると、それ自体が信用のないことの裏返しになるからだ。少なくとも周囲はそうとらえるだろう。

こうしてＡＩによる支配は人々の心の中に内在化していくのだ。あたかも戦前、全体主義のイデオロギーが心の中に内在化されていったように。人々は見えない監視におびえながら生きていくことになる。戦前と違うのは、今や監視の主体は人間ではなく、ＡＩだという点である。

ＡＩはデータに基づいていてい正しいことを指示しているのだから、別に問題ないと考える人もいるかもしれない。はたしてそうだろうか？　人間はデータとして正しくても、あえて異なる行動をとりたくなる生き物である。たとえそれが間違っていても、そのほうが正しいと考えることがあるのだ。感情に従って。

通常、正しさとは理屈で考えた場合の結果のことをいうので、その対極にあるのは理屈を超えた感情が求めるものということになるのだろう。ここでは、感情は飼いならすべきものではなく、反対に理屈に歯止めをかけるものになるのだ。間違っていても正しい答えを選択するための。

間違っていても正しいというのは矛盾しているようだが、必ずしもそうでもない。たとえば、後から見ると、当時間違っていたことが正しいとされることはあるだろう。あるいは、常識に照らせば間違っているかもしれないが、別の基準なら正しいということもある。正しさとはそれほど相対的なものなのだ。そもそも誰にとっての正しさかという点も問題になる。戦争をする国同士が共に正義を掲げているのはその証拠だろう。

したがって、そのときどき人間が正しいと思ったことを選択できる余地が必要なのだ。そうでないと、私たちは単なるデータのシモベになってしまう。哲学者のマルクス・ガブリエルが、「ネオ実存主義」という概念を掲げている。これは新しい実存主義という意味なのだが、実はこのネオは「マトリックス」の主人公ネオからとったという。(15)

ネオはハッカーで、ＡＩの支配する社会にとってウイルスのような存在だった。ガブリエルは、そのネオのように、このシステムの中でウイルスとして行動せよというのである。実存主義とは一般に、自分で人生を切り開くことを説く思想だといっていいだろう。そうしてはじめて人生は意味あるものになるのだという。

とするならば、ＡＩの決定に従っていては、生きている意味がなくなってしまうのだ。正しいか間違っているかはどうでもいいのだ。自分が決めるかどうかが大事なのである。そしてもちろん、自分が決めたとおりに、実際に行動するかどうかである。赤い薬と青い薬。今私たちもまたネオと同じ選択を迫られているのだ[16]。

ここで選択をすること自体が、公共性主義における行動ということになる。今一番問題なのは、私たちが赤い薬も青い薬もいずれも選ぶことなく、ただ慌てふためいているという現実である。つまり、ＡＩを積極的に受け入れるという選択と、むしろＡＩを積極的には受け入れないという選択である。

そんなことをいうと、世の中はどんどんＡＩを受け入れていると反論する人もいるだろう。しかし、それはあくまでなし崩し的にそういう現象が起こっているだけにすぎない。もっというなら、ＡＩを取り入れているのは、ビジネスの効率性に寄与する部分だけである。非常に近視眼的な発想で、およそ選択とは呼べない振る舞いなのである。

ＡＩを積極的に受け入れるという選択は、ＡＩのもたらす負の側面も十分に議論したうえで、倫理の側面もしっかりと整備し、覚悟のもとに社会を変えることをいうのではなかろうか。その覚悟がないから、ＡＩを積極的に受け入れないというもう一つの選択にも未練が残っているのではないだろうか。

もしＡＩとうまく共存できるとするなら、選択肢はもっと無数になるといえるのかもしれない。もしＡＩが人間のために忠実に貢献し、その富を社会に還元することができたらの話である。そうすれば、ＡＩのおかげで私たちは働く時間を自分の自由な行動への時間へと回すことができるようになるからである。そのためには、やはりＡＩを積極的に受け入れるという覚悟の選択が必要なのだ。

ここでも実存主義のいう選択が、私たちの手に委ねられることになる。極端な世界を想定しよう。それはＡＩが人間の代わりに働き、私たちはそこで生み出された富をベーシックインカムとして享受し、もはや働かなくてもよくなった社会である。そこでは私たちは何をしてもいい。しかし、何をしてもいいということほどつらいことはない。いわば自由という名の刑に処されるわけである。[17] そんな世界を生き抜いていくためには、絶え間ない選択が求められるのである。

以上のように、ポスト・ヒューマンという変化をめぐっては、主にＡＩのもたらすそれを念頭に置いて話をしてきたが、もちろんこの概念はＡＩの登場によってのみ規定されるものではない。最後に少しだけ、より広い視点からこの概念のもたらす変化とそれへの対応について、公共性主義の立場から検討を加えておきたい。

たとえば、人新世《じんしんせい》（アントロポセン）の時代における変化もまた、ポスト・ヒューマンという枠組みでとらえるべき大きな問題であるといえる。人新世とは、人類がこの惑星のすべての生命に影響を与える地質学的な力を持つようになった時代のことである。つまり、環境問題に象徴されるように、単に人間中心主義で物事をとらえているだけでは、今や問題を解決することができなくなっているのである。

そうした視点からポスト・ヒューマンについて論じているのが、その名もずばり『ポストヒューマン』の著者ロージ・ブライドッティである。彼女によると、ポストヒューマンとは、私たち人間がこの地球上の他の生き物などと関係する際、共通の参照項となる基本的単位が何なのかをめぐる問題状況なのだという。

つまりポスト・ヒューマンは、人新世の時代において、これまでの人間中心主義を超えた視点をもたらす有用な視点だというわけである。その意味でポストヒューマン的主体とは、自己と他者、しかも人間以外の他者との相互のかかわりとも表現できる。

従来の人間は単一的かつ、自律的で自己参照的な存在であった。これに対して、ポストヒューマン的主体は、非単一的な存在で、かつテクノロジーなどのリソースとかかわりながら他律的で多面的な関係性によって形成されているのである。

ブライドッティは、明らかにそうした新たな主体が、新たな関係性を築き上げることを肯定的にとらえている。これはまさに行動によって新たな公共圏をつくり上げようとする公共性主義の態度に親和的なものであるといえよう。

先述の著書の中で彼女は、ワン・ヘルスという概念について紹介している。これは人間の健康だけでなく、動物の健康や生態系の健康が、今や切り離せないほどに結びついていることに着目して研究を行うというものである。

ここに象徴されているように、もはや人間だけを特権視して研究していても、この地球で起こっていることは完全には解明できないし、何も解決できないのである。だからポストヒューマンの視点が求められるのだ。ブライドッティは最後にこんなふうにいっている。

わたしたちにいま必要なことは、わたしたち自身について別のしかたで思考することを学び、何が人間なるものにとって共通の参照項の新たな基本単位と見なし得るのか、新しい根本的な思考図式を用いて実験することである。これが、本書で主体性の諸問題を盛んに強調した理由である。わたしたちが目撃しつつある信じがたい諸々の変容に向きあうためには、共通の参照地点や価値を同定する新しい枠組みが必要なのである。(18)

この新しい枠組みをつくるという発想は、新たな公共圏をつくり上げるという解釈にもなり得るのではないだろうか。なぜなら、社会はこれまで一貫して人間中心に形成されて来たのだから、それを非人間中心主義のモノサシで見直すということは、まったく性質の異なる公共圏を生み出すことのようにも思えるからである。そもそも公共圏とは視点によって性質を変えるものであって、決して固定された空間を指すわけではない。

だからこそ、同じ地球にいくつもの公共圏が重なり合うように存在し、また地球そのものも丸ごと新たな性質の公共圏になり得るのである。この新たな公共圏をつくるという発想については、実存主義との関係を明らかにした後、改めて論じたいと思う。

新たな課題とパブリック・メイキング

再度、新たな課題と公共性主義との関係についてまとめると同時に、重要な提言をしておきたい。先ほど実存主義という思想に言及したが、ある意味で私の説く公共性主義は、実存主義のバージョンアップでもある。

デンマークの哲学者キルケゴールをそのはしりとする実存主義は、ニーチェやハイデガーといった思想家たちにも部分的に受け継がれながら、20世紀の知のスター、フランスの哲学者サルトルによって完成を見る。

実存主義が花開いたのは、もちろんサルトルの卓越した能力に負うところが大きいわけだが、決してそれだけではない。時代が実存主義を求めていたのだ。つまり、第二次世界大戦によって破壊された世界が、新しい価値観と新しい社会を構築するため、その推進力となる思想を求めていたといっていいだろう。

その証拠に、新たな世界が再構築されると、もう実存主義は役目を終え、サルトルの死と共に忘れ去られてしまったのである。しかし、今また時代は実存主義を求めているともいえる。すでに見てきたように、時代の大きな変化によって、戦後に匹敵するくらいの大規模な社会のスクラップアンドビルドが行われようとしているからだ。

その点、自分で人生や社会を切り拓くという実存主義の基本理念は、混迷の時代に魅力的に映る。しかもサルトルの場合、アカデミズムに属することもなく、まさにあらゆる権力と闘争を繰り返した行動派である。今の時代が実存主義とサルトルのような行動するスターを求めるのもよくわかる。

しかし問題は、リバイバルではこの難局を乗り切ることはできないという点である。仮に今誰かが実存主義を掲げて立ち上がろうとしても、それはもういつか見た光景にすぎないのだ。ただ抗議するだけの思想、ただ破壊するだけの思想として印象付けられている以上は。残念ながら、構造主義によって乗り越えられてしまった感のある実存主義には、もはや現代人を惹きつけるだけのポテンシャルはない。

周知のように構造主義の完成者と目されるレヴィ＝ストロースは、『野生の思考』の中でサルトルと彼の掲げる実存主義を名指しで批判した[19]。つまり、実存主義が主体及び西洋を偏重している点を非難したのだ。実際それは事実であって、レヴィ＝ストロースの主張は誰の目にも説得的に見えた。

しかし、西洋中心主義は措くとして、実存主義の本質である主体によって世の中を切り拓くという部分については、全否定する必要はない。主体だけが世界を形づくっているわけではないにしても、それが歴史の中で突破口になることはあり得るのだ。

そうでないと、世界の時間は止まってしまうだろう。レヴィ＝ストロースがいうように、主体間のやり取りで成り立つ言語のような構造が存在するのはよくわかる。ただ、それと同時に私たちには新たな構造をつくりだす力も備わっているのだ。そしてそれが求められることがあるのだ。

とはいえ、一度死に追いやられた思想がそのまま生き返ることはない。そこで私たちが目指すべきなのは、実存主義のバージョンアップにほかならない。同じように自らの行動で事態を切り拓くための新たな思想が求められる。しかも、より社会の構築を主眼に置いたポジティブな思想が。

その中身は、実存主義の系譜を見れば明らかなように、存在するものではなく、どう存在するかを問うことにほかならない。それは、実存主義のはしりとされるキルケゴールに影響を受けつつ、ヤスパースがはじめて人間の主観的な生を「実存」と呼ぶところからはじまったのだ。そしてハイデガーが現存在として世界に積極的にかかわりながら生きる人間を描き、それに影響を受けたサルトルが、積極的に社会にかかわるアンガジュマンとしての人間を唱えた時点で完成したのである。

この社会をどう生きるか、そしてその社会を自分がどう変えていくかという部分にこそ、実存主義の本質があるといっていいだろう。とりも直さず、その本質を体現する思想こそが、本書で展開してきた公共性主義なのである。

公共性主義は、社会を壊すのではなく、むしろ新しい社会をつくることを主たる目的としている。いや、もっと正確にいうならば、新しい社会ではなく、新しい公共性をつくることを目指しているのだ。つまりパブリック・メイキングである。したがって、実存主義のバージョンアップは、パブリック・メイキングという形でなされることになる。ポスト・ヒューマンのところでも言及した新しい公共圏をつくるという発想である。

最後にこのパブリック・メイキングについて提言を行いたいと思う。本書では一貫して、既存の公共性を前提に、それをどう発展させていくかという議論をしてきた。しかし、そもそも公共性とは、必ずしもどこかから与えられる類いのものではなく、また固定されたものでもない。つまり、公共性を育むといったとき、あたかも唯一絶対の公共性が私たちを取り囲んでおり、それをなんとかしない限りはもう個は生きていけないかのように論じてきたのだが、決してそうではないのだ。

たとえば、ある公共圏が衰退化しているとする。通常私たちはその公共圏を維持するために、あれこれと方策を考えるわけだが、もし無理なら、別の公共圏をつくればいいのだ。目的は既存の公共圏の維持ではなく、公共圏そのものの活用、もっというなら公共圏によってもたらされる社会的機能の維持にあるのだ。

したがって、その最終目的さえ実現することができるのなら、既存の公共圏にこだわる必要はまったくないといっていい。喩えるなら、こういうことだ。公共的存在としてのある公園が、物理的に遠いなどの理由で使い勝手が悪く、子どもたちの憩いの場になり得ないとする。その場合、子どもたちがアクセスしやすい場所に新しい公園をつくってしまえばいいということだ。もちろん公園をつくるのはそう簡単ではない。土地の確保も大変だろう。でも、既存の公園がどうしてもだめなら、そのような方法があるということだ。

実はこの喩えは、黒澤明監督の名作映画『生きる』から着想を得ている[20]。あの映画の中では、ハンコを押すだけの日々を送っていた市役所の課長渡辺が、ある日自分がガンで余命少ないことを認識する。そこで、残された時間を公園づくりに奔走するのだ。

それは役所の中だけで軋轢を生むだけでなく、やくざなどの利害関係者からの妨害を受けるなど、かなり大変な仕事ではあったけれども、彼はあたかも人生の最後に公僕としての矜持を示すかのように、公共性に身を捧げたのだ。渡辺が完成した公園で安堵の表情を浮かべて息絶えたというのがその証左である。

奇しくもこの話は、先ほど実存主義の系譜として挙げたハイデガーの根源的時間の概念を想起させる。死を先駆的に覚悟することではじめて、人は現存在として本来的生を生きることができるという思想だ。つまり、死を意識してはじめて、人は本気で生きられると解釈してもらえばいいだろう。(21)

しかしパブリック・メイキングそのものは、何も死を意識しなければできないというものではない。あくまで、公共圏を生み出すことができるという可能性の話だからだ。現に私も今そうしたプロジェクトに従事しつつある。その一つが哲学を救うというものだ。

哲学は今危機に瀕している。というか、文系の学問は皆危機に瀕しているといっていいだろう。ＡＩをはじめとしたテクノロジーの席巻を受け、従来の文系科目は軒並み存在意義を失いつつある。実際、大学でも哲学科は消えつつあるのだ。

そうした中で、哲学は既存の公共圏に対して、必死になって存在意義を確保するためのキャンペーンを行っている。市民社会という公共圏においては、哲学カフェといった哲学プラクティスを、出版界という公共圏においては、哲学をビジネス書にしたものやエンターテインメントにしたような本をアピールするといったように。

もちろん、そうした努力は哲学の社会的意義を維持するためには重要な働きかけであるといえる。しかし、別にそのような無理な活動をしなくとも、新たな公共圏を創造することで、哲学の居場所を確保することは可能である。従来のアカデミズム、そして既存の公共圏がだめなら、新たな公共圏を創造すればいいだけだ。残念ながら、哲学者にはそのような発想はない。いや、哲学者だけではない。そもそも私たちは新たな次元で公共圏を創造できるなどという発想を持ち備えていないのではないだろうか。

奇しくも私たちは、今新たな公共圏をつくらざるを得ない環境にある。「令和」だ。生まれたばかりのこの元号は、強制的に私たちに付与された。しかし、その中身は空っぽなのである。そして元号が少なくとも日本人全員に共有される公共的なものであることはいうまでもないだろう。とするならば、この新たな公共圏を、皆でつくり上げていくという新たなプロジェクトが私たちに課されているのである。

今生きている人たちは、明治、大正、昭和、平成という偉大なプロジェクトを見事に成し遂げてきた。言い換えると、明治という公共圏、大正という公共圏、昭和という公共圏、平成という公共圏を見事につくり上げてきたのだ。そうして今まさに、自信と不安、そして希望の入り混じった複雑な思いで時代の転換点に立ち向かおうとしている。

国民全体で議論したわけではないが、令和という元号は様々な分野の有識者が日本のおかれた状況に鑑み、あたかも国民の声を代弁するかのように選んだ元号である。現に漢字のニュアンスは措くとして、少なくともこの元号に込められた思いに違和感を覚える人はあまりいないだろう。

政府によると、令和という言葉には「人々が美しく心を寄せ合う中で、文化が生まれ育つ」という意味が込められている。史上はじめて国書である「万葉集」からとられたものだ。しかしその具体的な中身は、私たち自身がつくり上げていくよりほかない。令和という公共圏をどうつくっていくか。

日本は長らく中国から学問を吸収し、とりわけ江戸時代以降戦前までは儒教思想の影響を強く受けてきた。したがって、日本における公共性は、儒教的な滅私奉公を意味してきたといってもいい。その滅私奉公的な公共性の概念が、戦後も高度経済成長のバックボーンとなってきたのである。さすがに現代社会では、それが地域社会の息苦しさや過労死につながるとして、考え方が変わりつつあるわけだが。

だからといって、必ずしも西洋の個人主義、つまりリベラリズム（自由主義）やましてリバタリアニズム（自由至上主義）が理想的なのではなく、また西洋のコミュニタリアニズム（共同体主義）もゲーテイッドコミュニティ（城壁で囲ったお金持ちのコミュニティ）に象徴されるような、閉鎖的な公共性を生み出していることから、オルタナティブにはなり得ていない。

そのようなことをいうと、万葉集ではないが、公共性のあり方まで古代日本にさかのぼればいいという声も聞こえてきそうだが、それは少し無理があるだろう。21世紀は明らかに新しい時代であって、環境がまったく異なるのだから。

例えば、私たちは今、ＡＩをはじめとした人類がかつて経験したことのない高度なテクノロジーの時代を生きている。そこでは人間の定義さえ問い直されているのだ。なにしろ、万葉集の時代のように、貴族も農民も防人も皆平等にといった次元ではなく、人間もＡＩもモノでさえも皆平等にという時代なのだから。だとするならば、新しい時代は必ずしも従来の人間中心主義ではない公共性を志向してもいいのかもしれない。

このようにこの新しい元号は、パブリック・メイキングのいい題材になるといえる。もしかしたら、こうした新しいパブリックをつくるという営みこそが、先細りする公共性を無限に拡大する可能性を秘めているともえいるからである。

目下のところ一番いいお手本はバーチャル空間である。インターネットの世界自体は、今や既存の現実社会に対するオルタナティブになっている。もちろん最初はそうではなかった。それを新しいアクターたちが、自分がそこで主役になるためにパブリック・メイキングしてきたのである。ＩＴの世界の勝組たちは、皆そうやって登場したといっていい。

さて、インターネットの次の空間とは何なのか？　宇宙なのか？　ミクロの世界なのか？　はたまた人間同士の新たなネットワークなのか。その答えこそが、公共性主義によって発見されるべきなのだろう。

□注

（1）ジョン・ロールズ『万民の法』中山竜一訳、岩波書店、二〇〇六年、九―一一頁。

（2）Nancy Fraser, *Scales of Justice: Reimagining Political Space in a Globalizing World*, Columbia University Press, 2009, p.87.

（3）Jürgen Habermas, *Einbeziehung des Anderen*, Suhrkamp, Frankfurt am Main, 1996, S. 166.（ユルゲン・ハーバーマス『他者の受容　多文化社会の政治理論に関する研究』高野昌行訳、法政大学出版局、二〇〇四年、一六四頁）

（4）Michael Walzer, *Sphere of Justice: A Defense of Pluralism and Equality*, Basic Books, 1983, pp. 48-49（マイケル・ウォルツァー『正義の領分　多元性と平等の擁護』山口晃訳、而立書房、一九九九年、八七頁）

（5）福田直子『デジタル・ポピュリズム　操作される世論と民主主義』集英社、二〇一八年、一八〇、一九五頁。

（6）瀧川裕貴『ソーシャルメディアにおける公共圏の成立可能性』、遠藤薫編『ソーシャルメディアと公共性　リスク社会のソーシャル・キャピタル』東京大学出版会、二〇一八年、八九頁。

（7） Cass R. Sunstein, *#republic: Divided Democracy in the Age of Social Media*, Princeton University Press, 2017, p. ix.（キャス・サンスティーン『#リパブリック　インターネットは民主主義になにをもたらすのか』伊達尚美訳、勁草書房、二〇一八年、一頁）
（8） Sunstein, #republic, p.258.（サンスティーン『#リパブリック』三四三頁）
（9） *Ibid.*, p.256-258.（同書、三四〇―三四二頁）
（10） 野家啓一「『ポスト真実』時代の知と公共圏」、『思想』二〇一九年三月号、七六頁。
（11） アントニオ・ネグリ、マイケル・ハート『マルチチュード（上）〈帝国〉時代の戦争と民主主義』幾島幸子訳、NHK出版、二〇〇五年、一九頁。
（12） 『マトリックス』（The Matrix）は、ラリー・ウォシャウスキーとアンディ・ウォシャウスキー監督による一九九九年公開のアメリカ映画。
（13） ユヴァル・ノア・ハラリ『ホモ・デウス　テクノロジーとサピエンスの未来　下』柴田裕之訳、河出書房新社、二〇一八年、二三六頁。
（14） NHK（BS）のドキュメンタリー「〝衝撃の書〟が語る人類の未来～ホモ・デウス～」（二〇〇九年）の中で、若い男女が自分のアリババの信用スコアを見せ合い、個人の信用度を確認し合う衝撃的な様子が紹介されていた。
（15） 実はこのネオは「マトリックス」の主人公ネオからとったという。丸山俊一＋

NHK「欲望の時代の哲学」制作班『マルクス・ガブリエル　欲望の時代を哲学する』（NHK出版、二〇一八年、七六―七七頁）参照。

(16) 映画「マトリックス」では、主人公のネオが、赤いカプセルと青いカプセルのどちらかを選ばないといけないシーンが出てくる。青いカプセルを飲むと元の日常に戻り目を覚ますことになる。これに対して、赤いカプセルを飲むと、真実を知ることができるという設定になっている。

(17) 実存主義を唱えるサルトルは、『存在と無』の中で、人間は自由という刑に処されていると表現している。何かを選ばなければ生きていけない人間の本質を突いたものといえる。

(18) ロージ・ブライドッティ『ポストヒューマン　新しい人文学に向けて』門林岳史監訳、フィルムアート社、二〇一九年、二九九頁。

(19) クロード・レヴィ＝ストロース『野生の思考』大橋保夫訳、みすず書房、一九七六年、二九四―三二五頁。

(20)『生きる』は、黒澤明監督による一九五二年公開の日本映画。

(21) ハイデガー『存在と時間』、四八八―四九二頁。

劇場を想像してもらいたい。そんなに大きな劇場じゃない。ちょっとした演劇を見るような、そんな劇場だ。とはいえ、もちろん客席と舞台はちゃんと分かれている。これから何かが起こるのだ。幕はまだ下りたままだ……。さて、今皆さんはどういう状態を想像しただろうか? 最前列に座って、どんな舞台がはじまるのかと、ワクワクした気持ちになった人もいるかもしれない。

この世を舞台に喩えたのは、かのシェークスピアである。人は皆役者だという。私もまったく同感だ。公共哲学に当てはめるなら、誰もがときと場合に応じて、それぞれの役割を担う。そして世界という名の作品をつくり上げていく。そんな感じになろうか。

一歩外に出ると、人は役割を演じなければならない。それをペルソナと呼ぶ人もいる。あたかも仮面をかぶるかのように、役を演じるのである。自分は本当はこうしたいといって、欲望のままに振る舞っていては、世の中は成り立たないのだ。おそらく、それを認めてしまったら、誰も行動になど出ないだろう。だから私は本書を世に問うたのだ。ここではその意図が十分に伝わったと仮定して話を進めて行く。舞台とはそういうものだ。

そのうえで、最後の最後にこんな見出しをつけてしまった。「これから世の中はどうなるのか?」。公共哲学の本が、突然未来の予言をするための本、あるいはコンサルティング会社が未来予測をするかのようなイメージになってしまったが、私の意図はそんなところにあるのではない。そうではなくて、本書で述べてきたことを踏まえつつ、次なる予告をしたいだけである。

本書では、私たちの生活に公共性が不可欠であることを前提に、その価値を高める意義と方法について論じてきた。とりわけ、行動が不可欠であると呼びかけてきたつもりだ。希望的観測だが、もしこれで本当に人々が行動の重要性に気づき、重い腰を上げたとしよう。では、その次に何が起こるか?

これは一つの行動についていっているのではない、行動ということそのものの重要性に気づき、行動するのが当たり前の社会になったとしたら、いったいどうなるかという話である。もし私のシナリオが正しければ、それによって最終的には世の中はよくなるのだろう。公共性の価値が一人ひとりの人間によって高められ、社会は素晴らしいものになるはずである。

ここで少し歯切れの悪さを感じられたかもしれない。「最終的には」であるとか、「はずである」といったあたりに。私の心の中に、一足飛びにはそうはならないような一抹の不安があるのはたしかだ。私はもともと法学部の出身で、アメリカのリーガルサスペンスをよく観る。あのアメリカの訴訟社会を見ていると、もしかしたら同じようなことが起こるのではないか不安になってくるのである。

つまり、法律や権利が当たり前のものになり、それを振りかざすことが当たり前になってしまうと、訴訟のインフレが起きるわけである。ちょっとしたことですぐに訴える。そしてそれがビジネスにさえなってしまう。

行動が当たり前のものになったら、行動のインフレが起こるようなことはないだろうか？ちょっとしたことですぐデモが起き、行政が機能マヒに陥るといった事態が起こりはしないだろうか。そうすると、行動といっても、その質が問われてくることになる。

では、誰がその質を判断し、誰が歯止めをかけるのか？　まさか国家がというような喜劇的状況はあり得ない。そうすると、やはり自主的に市民が判断するということになるだろう。それは非常に困難なことではあるが、たとえば事例が積み重なることで、ある程度の基準が共有されるとか、法の世界でいう和解のような仕組みができるとか、そういった状況に期待するよりほかない。

とはいえ、公共性主義はまだ生じてもいない。本書によってはじめて宣言されたのだから。まずは行動がインフレを起こすくらいこの思想が広まることを願いたい。その中で、今私が掲げたような懸念についても、議論が進んでいくことだろう。

さあ、幕は上がった。しかし舞台には誰もいない。なぜなら、私たち自身が見物をやめて演じるときが来たからである……。

謝辞

さて、本書の執筆に当たっては、多くの方に大変お世話になりました。とりわけ快く企画をお引き受けいただいた教育評論社様と、有益なアドバイスをいただいた山口大学哲学研究会並びに西日本哲学会の会員の皆様には、この場を借りてお礼を申し上げたいと思います。

最後に、本書をお読みいただいたすべての方に改めて感謝を申し上げます。

令和元年　新緑の美しい季節に

小川仁志（おがわ ひとし）

1970年、京都府生まれ。山口大学国際総合科学部教授。京都大学法学部卒、名古屋市立大学大学院博士後期課程修了。博士（人間文化）。徳山工業高等専門学校准教授、米プリンストン大学客員研究員などを経て現職。専門は公共哲学。

主な著書に『脱永続敗戦論—民主主義を知らない国の未来』（朝日新聞出版）、『アメリカを動かす思想—プラグマティズム入門』（講談社）、『アダム・スミス　人間の本質—『道徳感情論』に学ぶよりよい生き方』（ダイヤモンド社）など、訳書にスティーヴン・マシード『リベラルな徳—公共哲学としてのリベラリズムへ』（風行社）などがある。

公共性主義とは何か
〈である〉哲学から〈する〉哲学へ

2019年6月27日　初版第1刷発行

著　者　小川仁志
発行者　阿部黄瀬
発行所　株式会社 教育評論社
〒103-0001
東京都中央区日本橋小伝馬町1-5 PMO日本橋江戸通
Tel. 03-3664-5851
Fax. 03-3664-5816
http://www.kyohyo.co.jp
印刷製本　萩原印刷株式会社

定価はカバーに表示してあります。
落丁本・乱丁本はお取り替え致します。

ISBN 978-4-86624-023-7

転生第八王子の幸せ家族計画
著 八月八
画 山田J太

Contents